Je m'en fiche, j'irai quand même !

«C'est la vie aussi»
Collection dirigée par Bernadette Costa-Prades

«Tout ce qui vient au monde pour ne rien troubler ne mérite ni égard ni patience.»

René Char

Docteur Patrice Huerre
Anne Lamy

Je m'en fiche, j'irai quand même !

Quelle autorité avec un adolescent ?

Albin Michel

Introduction

Il y a des jours où l'on se pincerait. Cet ado qui vous défie et prend l'air exaspéré dès que vous lui parlez, est-ce bien le petit ange qui vous attendrissait il y a douze, quatorze, seize ans ?

Difficile de le croire. Et quelquefois, difficile de garder son sang-froid. Il vous sera pourtant précieux pour traverser la période sans répondre aux provocations de votre ado, mais sans baisser les bras non plus.

Votre cote de popularité dégringole ? Tant pis... Votre ado n'a pas besoin d'un parent qui soit numéro un dans ses sondages personnels, mais d'un adulte capable de faire évoluer le cadre éducatif. capable de dire « non » quand c'est nécessaire, mais aussi de dire « oui » quand il le faut et reconnaître que les règles fixées il y a deux ans sont périmées. Sur quoi pouvons-nous lâcher et sur quoi faut-il tenir bon ? Pourquoi nous nargue-t-il (elle) ? Que fait-on quand il (elle) pousse le bouchon trop loin ? Et ses provocations ne cacheraient-elles pas une souffrance ? Oui, par moments, on aurait vraiment besoin de traduction simultanée pour comprendre ce que cet ado rebelle cherche à dire... La voici !

Chapitre 1
« Je fais ce que je veux ! »

Vous l'aviez remarqué, non ? Cet ado boudeur, qui vous envoie sur les roses quatre fois par jour, vous rappelle quelqu'un : lui-même, douze ans auparavant ! Son opposition systématique est fatigante, c'est vrai. Mais comme elle l'était pour l'enfant, elle est très utile à l'ado pour se construire. Il teste vos limites et vérifie que vous l'aimez toujours. Quoi qu'il fasse…

Le « non » nécessaire pour se construire

⇨ Chez le tout-petit

Au tout début de sa vie, le bébé et sa mère forment presque un tout. Cette quasi-indifférenciation est une nécessité pour le tout-petit : il est totalement dépendant de sa mère pour sa survie physique et psychique. Peu à

peu, le couple défusionne. Et le bébé, vers 7-9 mois, commence à faire la différence entre lui et le monde extérieur, les personnages familiers et les visages nouveaux. D'où la « peur de l'étranger », très classique à cet âge : il perçoit la différence entre l'intérieur et l'extérieur de ce groupe familier. Quand il a faim ou qu'il est séparé de sa mère, il apprend à patienter grâce à son doudou, qui lui rappelle des images familières fortes (ses parents). Cela lui permet de passer un cap important, autour de 1 an : peu à peu, il s'est constitué un stock d'images qui l'aident à faire exister ceux qu'il aime quand ils ne sont pas là (Maman, Papa) ou ce qu'il attend (« Enfin, mon biberon ! »). Ainsi, chaque jour, il gagne en autonomie physique et psychique.
Le bébé vérifie aussi qu'il a bien prise sur son petit monde en mordant, griffant. Une attitude « exploratrice » que l'on retrouve au quotidien : il attrape, déplace, grimpe, etc. C'est qu'il doit être sûr d'être maître de son univers !

→ Vers 2 ans

C'est l'époque de deux apprentissages fondamentaux : d'abord, l'enfant apprend à maîtriser ce qui vient de son corps en contrôlant ses sphincters. Tout cela se joue sur le pot..., mais pas seulement. Car il a compris qu'il pouvait – ou non – faire plaisir. C'est à cette période

qu'une déferlante de «non» apparaît. Ils signifient plus souvent : «Attends, je réfléchis», ou : «J'aimerais bien décider, moi», qu'un non franc et massif. Le petit explore aussi les autres, ainsi que le pouvoir qu'il a sur eux : ce que ça fait quand il dort ou refuse de faire la sieste ; quand il se régale ou repousse son assiette. C'est ainsi qu'il se construit : en disant d'abord «non» pour dire «oui» ensuite. Comme si s'ouvrir aux autres passait par une délimitation de soi. «Il faudra désormais compter avec moi», vous prévient-il. Cet enfant est doté de désirs. Et il n'a pas fini de le faire savoir!
Pour les parents, la période est éprouvante. Comme on n'a pas toujours de dictionnaire bébé-parent sous la main, on ne comprend pas le sens de ce non. Et on le prend au pied de la lettre, ce qui risque de faire grincer quelques dents. Ou alors, bluffé par le caractère de ce minityran, on dit oui à tous ses désirs. On pourrait aussi lui répondre plus subtilement : «Tu m'as dit non pour t'habiller? Sauf que tu ne peux pas aller à l'école tout nu ; alors, maintenant, on s'habille.» Au fond, il est d'accord ; son «non» signifiait seulement : «Tu réalises que je suis presque grand, maintenant?». Oui, oui, vous réalisez.

Je m'en fiche, j'irai quand même !

⇾ Et aujourd'hui ?

Votre ado a plus d'épaules (de seins / d'acné) qu'hier mais son « non » n'a guère évolué. Il s'oppose toujours pour marquer sa différence et vous prouver à quel point il grandit. Le plus indiqué, aujourd'hui comme hier, c'est de ne pas en faire une affaire d'État.

Pour détendre votre ado bougon(ne), rappelez-lui en souriant quelques souvenirs de quand il (elle) était petit(e). « Tu te souviens, tu faisais toujours à côté du pot ! » ; « Et le jour où il est parti en chaussons à l'école ? » ajoute votre conjoint. L'ado haussera probablement les épaules et trouvera tout cela idiot. Mais il ne peut pas faire autrement : pour exister à ses propres yeux et aux yeux des autres, il doit recourir à des manifestations plus ou moins désagréables (plutôt plus que moins). Comme s'il était condamné à être transitoirement horripilant. Le tout est de savoir combien de temps durera cet épisode transitoire...

Pour autant, ne vous privez pas de lui rappeler que votre infinie patience a des limites : « Ça suffit, maintenant. On a compris le message ; pour l'instant, tu vas dans ta chambre. » Compréhensifs, vous l'êtes. Mais vous n'êtes pas obligés de tout supporter stoïquement !

Tester la capacité d'amour de ses parents

Rien n'étant plus angoissant que de ne pas trouver de limites, l'ado va taper dans les coins, pour vérifier qu'il existe bien une barrière. Cette opposition est une étape de son développement qui le conduit à se positionner contre ses parents. C'est le résultat de cette période, pas le but recherché, contrairement à ce que soupçonnent certains parents ! C'est un peu comme s'il leur disait : « J'ai toujours besoin que tu me dises non quand je te dis merde. » À cette période, il a un insatiable besoin de vérifier qu'il est toujours aimé, même (et surtout) quand il est imbuvable. L'ado se demande alors : « Ne finiront-ils pas par penser que je suis ce que je montre, à grands coups de pied dans les portes ? » Pendant des mois, il teste l'affection et la solidité de ses parents : vont-ils tenir ou s'effondrer ? Son espoir secret, c'est qu'ils lui résistent. Mais en public, ce n'est plus le même son de cloche : « Mes parents ? Pfff... j'en fais ce que je veux », fanfaronnent certains devant leurs copains verts de jalousie. En fait, celui dont les parents sont ringards (ou catalogués comme tels) est furieux, certes, mais rassuré par leur fiabilité. Le fanfaron, lui, est plus inquiet : que se passera-t-il le jour où il aura vraiment besoin d'être empêché de faire une énorme bêtise ? La colère, la passion, les élans affectifs : ces sentiments qui le submergent, il a encore du mal à les transformer en travail scolaire, en investissement sportif ou en élan créatif. Sans autre garde-fou que lui-même, il se sent au bord de l'implosion.

« Il nous pousse à bout ! »

Certains jours, les parents excédés sont, eux aussi, tout près de l'implosion. Mais non, leur ado n'est pas malfaisant. Les jours où nous sommes sur les nerfs, il faudrait retrouver le sens caché de son attitude, qui pourrait être : « Patience. Bientôt, je te dirai autrement que je t'aime. » Cette traduction simultanée montre que l'ado teste le lien qui nous unit à lui. À ses yeux, cette relation, même tendue, est tellement mieux que rien...
En provoquant ses parents, il vérifie ce qu'il savait d'eux : oui, ils sont stables, comblants, présents. En même temps, son attitude leur montre qu'il a changé ; il s'assure ainsi qu'ils l'acceptent tel qu'il est. En se rendant insupportable, il attend – et redoute – que ses parents crient : « Je n'en peux plus, je te hais. » La réponse apaisante serait plutôt : « Je t'aime mais tu as un comportement insupportable, ces temps-ci. » Avant de signaler

qu'il ne faudrait pas inverser les rôles : «Nous, on n'est pas fâchés contre toi. C'est toi qui nous es hostile. Alors, tu vas te calmer. Et tu reviens quand tu veux.»

L'ado n'est pas ce qu'il montre...

Après tout, il n'y a pas de raison de ravaler sa colère jusqu'à se fabriquer un ulcère! Mais, en même temps, on doit mesurer ses propos. «Tu es insupportable» vous brûle les lèvres? Préférez-lui : «Je ne te supporte plus.» Cela veut dire la même chose, mais c'est moins agressif. Et cette formulation soft se décline à l'infini : «Je ne supporte pas ta façon de parler à ta sœur... Que tu veuilles avoir raison en permanence... Ton look tendance SDF.» Mais dans le feu de l'action, débordé par ses émotions, on a rarement le temps de réfléchir à la formule la moins blessante!
Autant qu'ils peuvent, les parents s'efforceront de ne pas confondre le comportement de l'ado et son identité. Autrement dit : «Tu as des résultats scolaires nuls», et non : «Tu es nul.» Si l'on ne distingue pas l'un de l'autre, ces réflexions deviennent des prothèses identitaires pour l'ado et s'enracinent. Et c'est ainsi qu'on fabrique une réputation. L'ado, qui tâtonne pour savoir qui il est,

se raccroche à cette étiquette de cancre ou de révolté qu'on vient de lui coller dans le dos. Et tant pis si cette identité est fausse ou enfermante. À nous d'être vigilants pour ne pas ancrer – à notre corps défendant – ce que l'on redoute.

L'essentiel

- À 15 ans comme à 2, l'époque du «non» est nécessaire à l'enfant pour se différencier de ses parents.

- C'est une période éprouvante pour les nerfs. Il faudrait sans cesse se répéter que, bientôt, l'ado saura nous dire autrement qu'il tient à nous.

- L'ado a besoin de s'assurer que ses parents l'aiment, quoi qu'il fasse et quels que soient les changements qui s'opèrent en lui.

- On ne confond pas le comportement de l'ado et son identité : c'est son comportement qui est insupportable ; pas lui.

Chapitre 2
« Je suis assez grand pour... »

L'ado n'est plus un bébé, on l'a compris : il/elle n'arrête pas de le répéter ! Le voir grandir, c'est accepter qu'il se détache peu à peu de nous. Par son attitude, l'ado confirme (ou non) à ses parents qu'ils ont eu raison (ou non) de lui accorder plus d'autonomie. Et il grandit, entouré de ses copains auprès desquels il s'évalue sans cesse.

Si jeunes et déjà autonomes

Les parents ont toujours un train d'avance sur le développement de leur petit. Combien s'exclament : « À 8 mois, ma fille marche presque »... Vérification faite, la fillette rampe comme un ver de terre ! Cette anticipation parentale fonctionne aussi avec le langage (« Il parle

très bien pour son âge» alors qu'il jargonne un vague «Ba-beuh»), la propreté ou la motricité...
En même temps, cette manie à devancer les qualités de l'enfant lui est très précieuse : il s'y accroche pour grandir. Et c'est normal que les parents aient de l'avance sur l'enfant : dès la grossesse, ils fantasment sur ce bébé qui sera malin comme Papa ou musicien comme Maman. Résultat ? À sa naissance, ils ont toujours 9 mois d'avance, et les conserveront... des années. C'est naturel ; c'est même le contraire qui est rare. Cela signale souvent que des événements (maladie, séparation d'avec l'enfant) ont stoppé ce mouvement et forcent les parents à s'accrocher au présent, faute d'avoir pu croire au futur, au moins pendant un temps.

Accélérer le temps

Pour l'autonomie comme pour les autres apprentissages, les parents enclenchent le mouvement en pensant : «Il faudra apprendre à Léo à traverser tout seul. Il est bientôt en âge de circuler sans nous.» En vérité, l'enfant n'a pas encore l'âge de se promener seul. Que comprend-il de cette envie ? Pas forcément : «L'an prochain, tu iras tout seul à l'école», mais plutôt : « À moi la liberté ! ». Et ce mouvement de rêverie parentale (« Quand il ira seul à l'école... Qu'il partira en vacances sans nous, etc. ») vient buter contre l'incapacité actuelle de l'enfant à le faire. Il est possible que ce télescopage joue un rôle dans l'envie qu'ont certains ados d'accélérer la manœuvre : ils ne supportent ni l'attente ni la frustration. C'est problématique quand, incapables de repousser à plus tard la réalisation de tel ou tel projet, ils se mettent en danger pour passer à l'action. Alors, c'est comme si les envies des parents donnaient des ailes à leurs ados, sans leur fournir de parachute...

Des attentes paralysantes

Mais ces rêveries parentales peuvent aussi provoquer l'effet exactement inverse. Certains parents ont projeté tellement d'espoir sur l'enfant qu'ils mettent la barre un peu haut. Ils en seraient presque à dire : « Comment ça, tu n'es pas capable de t'inscrire seul au lycée ? » L'ado voit qu'il les déçoit. Et ce sentiment lui coupe littéralement les ailes... Avoir des idéaux pour son enfant, c'est normal. Mais l'obliger à s'y conformer à la lettre, c'est transformer ses désirs en diktats, ce qui n'apporte pas grand-chose à l'ado. Ou plutôt si : cela lui donne l'impression de ne pas être à la hauteur. Précisément le sentiment qui le travaille depuis des mois…

« Grandis… Mais pas trop vite ! »

Un matin banal, avant l'école. Benjamin, 5 ans, s'habille, boutonnant lundi avec mardi. Ses parents râlent : « À ton âge, tu pourrais te débrouiller tout seul. » Deux minutes plus tard, les mêmes beurrent la biscotte de leur fille de 8 ans ; elle est si maladroite ! Quand ils ne lacent pas les baskets de leur collégien : « Sinon, dans dix minutes, ses lacets sont défaits et il traîne des pieds toute la journée. » On l'a tous fait, non ? Nous sommes sincères quand nous aimerions voir nos enfants plus autonomes. Mais en même temps, leur dépendance est rassurante : on est sûrs de leur être utiles, au moins ! Cette ambivalence parentale, il faut la garder à l'œil : tapie dans un coin, elle ne demande qu'à ressurgir… Et pour compliquer le tout, les capacités de l'ado évoluent ; les parents doivent sans cesse réajuster leur attitude à ces compétences nouvelles.
Tout cela reste valable avec des 18-25 ans qui jouent les sangsues au domicile familial. Il serait l'heure que ces

« ex-petits » prennent leur envol ? Bien sûr. Mais cette perspective ne réjouit pas les adultes. « Il va nous laisser seuls, face à nos rides et notre vieillissement », songent-ils. L'ambivalence des parents ne facilite pas l'évolution du jeune. Lequel teste la capacité de ses parents à le voir adulte. « Suis-je capable de vivre seul ? » se demande-t-il, voyant ses parents trembler à l'idée de son départ.

Le cercle vertueux de l'autonomie

Bien sûr, la plupart des parents se préparent sereinement à l'idée que bientôt leur collégien(ne) commencera à sortir le soir. Un jour, ça y est, il/elle va seul(e) au cinéma du coin avec un copain. Les deux complices rentrent sans souci. Les adultes sont rassurés : leur ado est assez grand pour vivre ces petites tranches de liberté. Cela les incite à réitérer l'expérience, voire à l'étendre à un week-end chez un copain. Mais parfois, rien ne se passe comme convenu : l'ado fait l'andouille au ciné, part se saouler, revient à 4 heures du matin. Le cercle vertueux est rompu. Chacun n'est plus au service de l'autre pour faire avancer le système avec d'un côté un parent qui lâche la bride et de l'autre un ado qui prouve, par son attitude, qu'il est responsable. Les prochaines avancées se feront à plus ou moins grands pas, selon l'angoisse des adultes de voir l'ado se détacher peu à peu du cocon et leur crainte qu'il multiplie les faux pas.

Un corps XL et un esprit XS

À l'adolescence, le corps affiche une taille 16 ans, tandis que l'esprit rentre encore dans du 12 ans. Ces périodes de grand écart, l'enfant en a déjà vécu. Souvenez-vous de l'époque où votre ange blond de 2-3 ans pleurait de dépit de ne pas séduire sa mère (ou son père pour les fillettes). Vous avez tenu bon, sentant que le petit traversait un genre de déphasage entre les changements de son corps et les émotions complexes de sa vie affective. Puis vint l'âge du primaire, plutôt reposant. Et nous revoilà dans la tourmente, face à un lycéen prompt à répondre : « Lâche-moi avec tes conseils ! » Comme s'il voulait se persuader qu'il est capable de retrouver la maîtrise de ce corps qui se transforme et le trouble.
L'ado sait bien qu'il n'est pas encore capable (de partir sans dire où il va, de coucher avec sa copine). Mais il préfère balayer les difficultés d'un péremptoire : « C'est boooon, je suis pas un bébé ! »... Une réaction presque

jumelle à celle d'un petit de 3 ans qui claironne : «Moi tout seul», pour ouvrir le portail ou faire ses lacets. Devant l'incapacité (temporaire, rassurons-le) de l'ado, certains parents rappellent la réalité. D'autres sont blasés : «Il fait son expérience.» En réalité, l'ado est sécurisé d'entendre : «Non, maintenant tu ne peux pas ; mais je suis sûr(e) que plus tard, tu pourras partir en week-end avec ta copine / faire une nuit blanche.» L'intérêt de cette limitation? C'est donc de la faute de ses parents, et non de la sienne, si l'ado ne peut pas aller à ce concert de rap. Ouf, l'honneur est sauf!

«Nous aussi, on a eu 15 ans!»

Tout cela serait simple si nos paroles n'étaient pas guidées par nos propres expériences. Elle demande notre accord pour aller à une soirée gothique. C'est non. Pourquoi ce refus : est-ce une soirée à haut risque? Ou projetons-nous notre peur de la foule? De même, on sera tenté de lui refuser sa première mob à 14 ans si nos essais à deux roues se sont terminés dans le fossé. Ou si nous n'avons eu notre première mob qu'à 18 ans! Eh oui, même sous la torture, on ne l'avouerait pas... Mais il nous arrive d'être jaloux de la vie de nos ados. Nos

«premières fois» (boum, cigarette, expérience sexuelle, pétard, etc.), on les a longtemps attendues. Et voilà que ce petit malin vous réclame, à 15 ans, ce que vous avez obtenu après deux ans de négociations! Donc, pas question qu'il roucoule 15 jours chez sa copine pendant que vous bâillez chez Belle-Maman. Pas très noble? Possible. Mais on n'est pas un parent parfait!
L'inverse existe aussi : des parents, dépassés ou déçus par cet ado non «conforme» à ce qu'ils attendaient, le laissent un peu trop faire. L'ado dit qu'il va faire le mur ; le parent répond : «Vas-y! C'est toi qui l'auras voulu.» En fait, l'ado attendait un «non» ferme. Même s'il prétend l'inverse.

Un pas en arrière, deux pas en avant

S'il arrive aux parents de laisser parler leur propre expérience plutôt que la logique pour exercer leur autorité, il arrive aussi à l'ado d'être paradoxal dans sa prise d'autonomie actuelle. Regardez-le, votre grand ado : ces temps-ci, il a tendance à vivre la nuit et à dormir comme un loir la journée. Il mange six ou sept fois par jour, de préférence des aliments mous et sucrés (les céréales, si chéries par les ados). Rassurez-vous, il ne se transforme pas en hamster. Mais son comportement vous rappelle lui-même, quand il était bébé ! Tout se passe comme si l'ado revisitait ses expériences d'enfant pour passer ensuite à autre chose, une bonne fois pour toutes. Ces pas en arrière, vous les constatez sur le plan scolaire ou affectif. Il râle pour faire ses devoirs, refuse tout câlin d'un air dégoûté... Et trois semaines plus tard, le même rapportera des 16 sur 20 ; et sur le canapé, en regardant un film, il posera négligemment ses pieds sur les genoux de son vieux père. Ces décalages témoignent que l'ado est en pleine (re)construction et qu'il ne faut rien figer. Non, il n'est pas définitivement mollasson : d'ici six mois, ce ne sera plus le même !

Le rôle des pairs

Dernier rôle – et non des moindres – dans la prise de l'autonomie de l'ado : les copains. D'ailleurs, l'ado se sert de son groupe de pairs comme l'argument de choc pour faire céder les parents : « Mais TOUS mes copains y vont, au concert des Blog'z ! » Aux parents de résister à l'envie d'être conformes à la moyenne, c'est-à-dire toujours d'accord. Et d'ailleurs, TOUS les copains y sont rarement : vous ne serez donc pas les seuls ringards. Et vous, par ailleurs, vous n'êtes pas obligés de donner la même éducation que les vingt-huit autres familles de sa classe. Ses copains ou copines, c'est le seul étalon de mesure valable pour un ado. Depuis des mois, la question centrale étant : «Suis-je normal(e) ?», il n'y a qu'auprès de ses amis qu'il s'évalue. «Tu es très bien comme ça, tu grandiras plus tard !», dites-vous à votre fille de 14 ans qui se trouve trop petite. Ne vous fatiguez pas, elle trouvera autre chose qui la chagrine, dont elle vérifiera la normalité auprès des copines. Taille des seins (ou du sexe chez le garçon), jambes trop (pour la fille) ou pas assez (pour le garçon) velues, forme du nez, quantité de boutons d'acné, grosseur des fesses, nature du cheveu (trop fin, trop gras) : l'examen est minutieux. Et tout écart à la norme est condamné !

Les émotions, aussi, sont passées en revue : «Est-ce normal d'être triste ?», «Et les autres, que ressentent-ils ?», «À 17 ans, est-ce normal de n'avoir pas encore fumé de shit / d'être vierge / de ne pas se maquiller ?» La réponse la plus fréquente est non, bien sûr. Ce qui prouve à l'ado qu'il a raison de se sentir mal puisqu'il est différent. Il oublie qu'il ne trouvera jamais deux êtres humains tout à fait identiques...

L'époque est au formatage

Entre ados, la norme est d'autant plus la référence que vivant par classe d'âge homogène, ils ne cessent de se comparer à leurs pairs de même âge. Elles vivent, alors, comme une anomalie de n'avoir pas de seins en 4e si cinq filles de la classe font du 90 D ; ou ils sont complexés de faire 1,50 m si la moitié des garçons de la classe affichent 20 cm de plus. Tout cela est accentué par le recours aux statistiques, utilisées à tort et à travers par les médias. «Les filles fument à 13 ans leur première cigarette» ; «Les ados font l'amour à 17 ans et 3 mois»... Ce qui signifie que certains le font à 15 ans, et d'autres à 19. Mais la question de la normalité a un effet accélérateur sur leur comportement. «J'ai 18 ans et je n'ai toujours pas fait l'amour? Il faut que je m'y mette!» Et le passage à l'acte (sur la sexualité, l'alcool, le shit, etc.) se fera plus pour rejoindre dans la norme que par réel désir.
Par ailleurs, ces passages à l'acte sont souvent le «ticket d'entrée» pour être accepté dans un groupe. Il était prévu qu'elle rentre à minuit, mais tous ses copains poursuivent la soirée en boîte? Elle préfère le sermon parental du lendemain plutôt que l'exclusion du groupe. De même, on ne refuse pas un énième

verre d'alcool ou un pétard : peu importent les conséquences sur soi, tant qu'on gagne des points sur l'image de soi qu'on donne.

La mise à l'épreuve, de soi-même et des autres

Quand l'ado s'écrie : « Je suis assez grand(e) pour... partir à l'étranger tout seul... prendre la pilule », c'est une interrogation plus souvent qu'une affirmation. Presque un défi, d'autant plus dur que l'idéal de soi à atteindre est haut. Comme si un dialogue s'engageait entre deux facettes de l'ado, la première disant : « Tu vas leur montrer de quoi tu es capable ! », et la seconde, la petite voix de la raison, rappelant : « Tu sais que tu n'as pas le droit. » De temps en temps, le petit diable gagne. Et les parents attendent l'ado toute la nuit, debout en pyjama à côté de la porte d'entrée. D'autres fois, le petit ange arrive en tête. Et l'on se rendort sur ses deux oreilles, à 23 h 01, après avoir entendu la porte d'entrée se refermer sur son ado pile à l'heure.

Certains ados se soumettent à la première voix plutôt qu'à la seconde : elle est plus gratifiante puisqu'elle incite l'ado à penser qu'il est capable et promet une « prime » plus ou moins positive (danser deux heures de plus, découvrir le sexe, fumer un pétard, mais aussi avoir la tête comme un compteur demain). La seconde voix, le surmoi déguisé en ange, est moins séduisante : la seule chose qu'elle nous promette, c'est... la frustration. Les ados soumis à ce surmoi se désolent : « Moi aussi, j'adorerais fumer. Mais j'ai pas le droit. » Comme toujours, c'est l'excès (un surmoi surpuissant ou inexistant) qui doit alarmer. S'interdire les expériences bénignes que font tous les jeunes doit faire dresser l'oreille : l'ado risquerait de se marginaliser en ne partageant pas ce que les autres vivent. Mais, rassurez-vous, l'ado n'a pas fini de tâtonner avant de trouver l'équilibre entre le surmoi et l'idéal de soi. N'est-ce pas lui qui trouvait les gothiques ridicules le mois dernier... et qui a dit, hier, qu'ils avaient de l'allure ?

L'ère des défis, du déjà-vu

Pour prendre son envol et se prouver qu'il est grand, l'ado va user (et abuser, probablement) du défi. Cette période vous ramènera quelques années en arrière, quand votre terreur de maternelle jetait son assiette par

terre, au milieu du repas. Qu'en conclure ? Plus l'enfant a défié l'autorité, plus il recommencera, ado, si sa gamme d'expériences ne s'est pas élargie et si ses défis ont marché dans un sens (ses parents obéissent au doigt et à l'œil) ou dans l'autre (ils n'obéissent pas, mais ils surveillent leur ado comme le lait sur le feu).
Le défi restera longtemps une arme efficace pour l'ado s'il sent que ses parents, en fonction de leur expérience d'enfants ou de ce qu'ils vivent aujourd'hui (en couple, au travail, etc.), se montrent plutôt tolérants à cette forme d'expression. Par exemple, pour des adultes malmenés par le monde du travail, il y aura de la fierté à avoir un enfant rebelle. « Lui, au moins, il ne se laissera pas marcher sur les pieds », pensent-ils… tellement à haute voix que l'ado comprend le bénéfice qu'il peut tirer de la situation.

Défier les règles parentales… et celles des autres

La liste des recommandations faites à l'ado est assez impressionnante, quand on l'énumère. Il devrait : bien petit-déjeuner, dormir huit heures par nuit, ne pas boire, faire du sport, se laver chaque jour, porter son casque,

être prudent sur Internet, ne pas tricher aux examens… « Stop ! » rugit l'ado. Excédé par ces bons conseils, il les rejette en bloc et décide de manger n'importe quoi, dormir quand ça lui chante, et tester tout ce qui se fume sans modération.
Quand l'ado lance des défis qui ne sont ni entendus ni canalisés, il est à parier que ses bravades gagneront du terrain : provocation devant les profs ou les policiers du quartier, insolence avec les voisins, mépris des règles posées par l'entraîneur. Seul point commun ? Tous les adultes de son entourage en prennent pour leur grade. Parfois, les parents ne voient rien ; certains ados sont des anges à la maison et des voyous ailleurs. C'est systématique ? Il faudra s'interroger sur ce que cache ce comportement. Mais quand ce n'est ni excessif ni répétitif, il n'y a pas à s'affoler. Qui n'a pas fait son (sa) révolté(e) devant les profs pour perdre son étiquette de premier(ère) de la classe ?

L'essentiel

Parfois, les parents sont contents de voir leur ado encore dépendant : au moins, ils sont sûrs de lui être encore utiles !

Je m'en fiche, j'irai quand même !

Par son attitude responsable, l'ado donne envie à ses parents de lui accorder plus de liberté. Mais ce « cercle vertueux » est rompu quand l'ado dérape.

Il y a souvent un décalage entre le corps de l'ado (quasiment adulte) et son esprit. Finalement, on soulage l'ado en limitant sa liberté : il n'est pas aussi grand qu'il le clame…

Un ado a besoin de se sentir conforme à ses copains. Taille, look, poids, tout y passe.

Votre ado déclare : « Je suis assez grand ! », à tout bout de champ ? En fait, il n'en est pas si sûr. Il va le vérifier en se lançant des défis et en défiant son entourage.

Chapitre 3
« M'en fous, j'irai quand même ! »

Un ado qui joue avec les limites, c'est de son âge, pense-t-on. C'est même une exploration normale et nécessaire. Pendant des mois, l'ado vérifie les limites de son corps, de sa famille, de sa vie scolaire et sociale pour mieux s'approprier son univers et trouver sa place. Cela se fera souvent à l'aide des pires menaces. Heureusement, rien n'oblige à le prendre au mot…

Les tout-petits et les frontières

⇒ Quand il était bébé

Dans le ventre maternel déjà, le fœtus était contenu. Et c'était (déjà…) à coups de pied qu'il explorait les limites. Jusqu'au jour où le besoin d'expansion du fœtus entraîna… la naissance du bébé !

Dans son berceau, le tout-petit est rassuré de sentir les parois de ce lieu confiné ; il en a besoin. De même, il apprécie les bras enveloppants de ses parents. Il suffit de faire dormir un bébé sur un grand lit pour voir à quel point l'absence de limite (un oreiller, le bout du berceau) le perturbe. En fait, il a besoin d'un équilibre entre des limites et des objets nouveaux à explorer (son doudou, sa main). Émotionnellement, c'est la même chose : si le bébé hurle, il ne sert à rien de lui expliquer le temps de chauffage du biberon dans le micro-ondes. Le message, si réconfortant soit-il, ne sera entendu que si, d'abord, le bébé est calmé et contenu. C'est pareil avec un ado : quand il vitupère, mieux vaut qu'il se calme dans sa chambre avant d'entamer avec lui un grand débat.

➾ Autour de 2 ans

La toute-puissance de l'enfant, caractéristique de cet âge, va lui jouer des tours. Vous vous souvenez quand il allait chercher le pain avec vous et faisait une scène devant la boulangère ? Quand elle se roulait par terre pour un oui ou un non (pour un non, en général) ? Les choses se tassent à la fin de la période œdipienne, vers 6 ans, lorsque l'enfant comprend où sont les limites. Il ne fait pas que ce dont il a envie ; et ses parents savent dire gentiment mais fermement : «Non, ce n'est pas possible de t'acheter un croissant... de mettre un short l'hiver. » Sa frustration devant ces terribles nouvelles, il va la transformer en curiosité intellectuelle. Ce sera le moteur des apprentissages fondamentaux que sont la lecture et l'écriture. Et c'est ainsi qu'à l'école primaire, ce minityran de maternelle devient un écolier appliqué, heureux de faire plaisir à sa maîtresse et à ses parents. Même si tous les 6-10 ans ne deviennent pas sages comme des images ; certains, trop débordés par eux-mêmes, ont toujours du mal à supporter la frustration et à écouter les consignes.

Les frontières d'un corps qui change

Comme le tout-petit, l'ado a besoin de savoir où sont les limites. Il commence par le terrain d'expérimentation qu'il a sous la main : son corps. D'abord, il travaille son look. Il (elle) passe des heures dans la salle de bains, se met du gel, se fait des mèches, se change quatre fois avant de partir au collège en retard... habillé(e) comme la veille ! Certains préfèrent les défis esthétiques : attifés comme des épouvantails ou des croque-morts, ils cherchent à attirer le regard – même horrifié – pour se différencier des adultes et (se) prouver qu'ils sont quelqu'un. D'autres testent les limites de leur corps par des piercings ou des scarifications. Ces jeux ont un double attrait : l'ado vérifie si ça fait mal, et si la barrière est bien étanche entre le dedans (son corps) et le dehors. Un point important, car être contenu est un besoin crucial, pour lui qui a l'impression de « déborder » physiquement et émotionnellement. Deuxième attrait : ces jeux montrent aux autres de quoi l'ado est capable. Cette appropriation du corps, douloureuse ou inesthétique, se fait parfois en forçant le trait. Comme le font les gothiques qui n'ont jamais peur d'enfoncer le clou... au propre et au figuré !

Éprouver les limites de son corps est d'autant plus important que ce dernier est source de déplaisir : acné, rougeur excessive, pilosité, kilos en trop. Mais il est aussi source d'excitation sensorielle : de la caresse à la douleur, l'ado découvre toute une gamme de sensations. Parfois, il joue à se faire mal, par exemple avec les flammes d'une bougie.

Cette exploration qui se moque des conséquences se retrouve dans la découverte de la sexualité : là aussi, certains jouent avec le feu. Et se fichent du prix à payer : grossesse non désirée, MST, sida, etc. D'où les limites de certains messages préventifs, pourtant tout à fait pertinents !

Jusqu'où aller avec les autres ?

De même qu'il teste les limites de son corps, l'ado tâtonne aussi à propos de sa vie affective. Il se demande : « Qu'est-ce j'éprouve ? » et « Qu'est-ce que les autres éprouvent pour moi ? ». Sur le plan amical, c'est le grand charivari : il y a de belles amitiés, de grandes histoires d'amour (suivies de grands chagrins, parfois), des drames, aussi, quand on doit déménager ou changer de lycée. Comme il évalue mal les limites, l'ado vit quelquefois des amitiés fusionnelles ; ou, à l'inverse, le contact avec les autres est si rugueux que l'expérimentation se termine… à coups de poing !
Cette éducation sentimentale se nourrit d'une communication sans fin en « chattant » sur Internet, via le blog, le journal intime ou les discussions sur le portable. Bref, on surinvestit la sphère des amis à hauteur de ce qu'on désinvestit la famille. La scène familiale n'est pas vraiment désertée ; elle serait plutôt « en rénovation » : tout y est remis en cause, depuis les rapports avec la fratrie jusqu'aux façons de penser des parents, que l'on trouvait pertinentes depuis des années et qui sont brutalement idiotes. Dans ce tohu-bohu général, l'ado se sent souvent incompris… parce qu'il ne se comprend pas bien lui-même ! En famille, il joue les martyrs et prend

appui sur le conflit pour se donner une assise. Et même s'il semble s'en moquer, il a toujours besoin de savoir l'effet qu'il produit sur ses parents.

Les limites en classe et dans la vie

Ces tests de résistance, auxquels l'ado soumet ses parents, ne s'arrêtent pas sur le seuil de la porte. À l'école, aussi, il cherche les bornes. Les règles du jeu scolaire, cela fait des années qu'il les connaît. Mais il va quand même tester, pour voir. « Quelles sont les règles que je peux feindre d'ignorer ? » se dit-il. C'est ainsi qu'il commence à sécher, se moquer des notes, copier sur son voisin ou réviser son bac en touriste.
Dans la vie civile, aussi, on retrouve ce comportement « à la limite » (de la légalité, de la politesse… ou des deux à la fois). Il roule sans casque, grille les feux rouges, ne paie pas dans le métro, a l'insulte facile. Et quand il (elle) descend de son scooter, c'est pour faire un tour dans les boutiques et y opérer quelques prélèvements : rouges à lèvres, lecteur MP3, alcool, CD, tout est bon à prendre. Le problème ? Quand la limite est franchie partout et tout le temps…

Est-ce grave ou pas encore ?

Il n'est pas nécessaire d'attendre que tous les clignotants soient au rouge, que le proviseur vous convoque une cinquième fois, ou que la police débarque chez vous pour réagir. Vous le constaterez vite, l'ado choisit son sujet de rébellion selon l'impact qu'il est censé avoir : en général, il y a résonance avec une préoccupation parentale. Par exemple, l'ado jouera la carte scolaire s'il sent que ses parents, inconfortablement installés professionnellement, se font du souci pour l'avenir de leur lycéen. Et il testera plutôt leur autorité s'il se rend compte que ses parents n'ont pas remarqué son piercing à la langue, et ne bronchent pas quand il revient à moitié ivre ou trois heures plus tard que prévu.

Les grands parleurs… et les grands silencieux

Pour se faire remarquer par leurs parents, certains ados préfèrent le silence hostile. Il leur suffit de faire la tête un quart d'heure pour que leurs parents entendent le message. Mais d'autres choisissent la méthode « bruyante », et profèrent toutes sortes de menaces : « M'en fous, j'irai quand même chez Théo… Je passerai pas le bac… Je viens avec vous mais je ferai la gueule. »

Quand un ado menace, il faut le prendre au sérieux. Cela signifie toujours quelque chose, ne serait-ce qu'une situation de blocage. Le seul fait qu'il évoque devant nous la possibilité de sécher ou d'aller quand même chez Théo indique qu'il attend une réponse de notre part. Il ne va pas forcément passer à l'acte, même s'il a déjà déclaré cent fois : « Demain, je me tire » ; il révèle juste que sa vie est compliquée. Alors, on l'écoute en évitant les deux extrêmes. D'un côté, dramatiser dès qu'il ébauche un début de ras-le-bol. De l'autre, banaliser en prenant tout avec humour : « Ok, fais une fugue. Mais n'oublie pas ta brosse à dents ! »

Souvent, on imagine que les grands parleurs sont de petits acteurs. Alors que les grands taiseux n'ont pas fini de dire « Je me barre », qu'on a déjà appelé Interpol. Heureusement, il y a rarement cohérence entre ce que dit l'ado et ce qu'il fait… Cela ne signifie pas qu'il n'ait rien à dire, ni qu'il faille le défier par une parole pas toujours bien choisie !

Y a-t-il forcément crescendo ?

Les parents savent bien qu'il n'y a pas toujours de lien entre ce que dit l'ado et ce qu'il fait, mais ils redoutent souvent le risque d'escalade. Aujourd'hui, elle sèche le cours de physique qu'elle déteste, se droguera-t-elle l'an prochain ?
Ce n'est pas une fatalité. Tout dépend de la réaction des adultes, parents ou enseignants. Et l'ado traverse des périodes d'agitation plus ou moins actives. Il alterne les semaines où il est capable de piquer un CD, fumer un joint, avec des périodes calmes où il est suffisamment bien dans sa peau pour ne pas se mettre en danger. Il a peut-être trouvé d'autres issues à ses problèmes en les canalisant dans des activités sportives ou en composant des chansons... Un ado casse-cou pourrait « mettre à profit » sa fascination pour le danger en s'inscrivant dans un club d'escalade ou de conduite : il y trouvera un lieu où la prise de risque est calculée et encadrée par un adulte (qui n'est pas son parent, atout décisif !). L'adrénaline qu'il fabriquera sur le mur d'escalade ou la piste de conduite finira peut-être par l'assagir, qui sait ?

Et si ça venait des autres ?

Votre ado vous échappe ? Ses fréquentations aussi. Depuis le collège, ce n'est pas la peine d'espérer faire du tri sélectif dans ses amitiés ! Et en ce moment, vous n'êtes pas loin de penser que ses provocations perpétuelles viennent de ce groupe de copains, dont vous n'avez jamais été très fans. Mais vous voyez bien qu'on vous regarde d'un air navré quand vous risquez une réflexion sur Antoine qui vide votre frigo, ou Léa qui pourrait appeler avant 22 heures. D'accord, vous êtes prêts à comprendre que ce groupe des pairs est d'autant plus essentiel pour votre ado qu'il recherche souvent un autre soi-même. Mais l'influence exercée par ce groupe n'est pas forcément bénéfique pour lui. Et si l'ado cafardeux a choisi ce groupe de copains, il est probable qu'eux aussi broient du noir…

La bonne nouvelle ? Si ce facteur d'entraînement est valable en négatif, il l'est aussi en positif : quand elle s'éclate avec son groupe de rock ou qu'il adore ses copains du rugby. Il sera toujours temps de lui faire remarquer cet effet positif du groupe ou de lui signaler qu'au contraire, on le sent sous influence ou malmené par ces amis et qu'on voudrait le protéger. Quelquefois, pile au bon moment, l'ado a envie de changer d'air :

sa bande n'évolue pas comme lui, il y a des rivalités amicales ou amoureuses, ou tout simplement il / elle a d'autres idées (projet humanitaire, réorientation scolaire, etc.). Ce nouveau réseau fera contrepoids à l'influence du groupe initial. Par principe, le groupe vit en homéostasie : il supporte mal le changement ! D'où l'intérêt d'avoir plusieurs groupes d'amis. Sans trahir les premiers copains, on peut s'autoriser à penser différemment. Cette loyauté au groupe est essentielle. Car trahir ou critiquer, c'est courir le risque de rester seul. Un prix à payer lourd, à l'âge où l'on a un besoin vital de ses amis.

L'essentiel

- **L'ado a besoin de limites. Il expérimente d'abord celles de son corps : d'où les piercings et autres essais capillaires et vestimentaires plus ou moins heureux.**

- **Ce jeu avec les limites touche tous les pans de sa vie : famille, amis, école, etc. Il faudra réagir si l'ado dérape partout à la fois.**

Je m'en fiche, j'irai quand même !

Il ne faut pas forcément prendre toutes ses menaces au pied de la lettre : non, il ne partira pas demain. Mais il faudra comprendre ce que l'ado cherche à dire par ce message violent ou de défi.

Ce n'est parce qu'il a volé un CD que l'ado finira délinquant. Il peut avoir fait une bêtise, une fois, et se calmer ensuite.

L'ado a un besoin vital de ses amis. Il se montre d'une grande loyauté à leur égard.

Chapitre 4
« Tu le feras quand même ? On aimerait bien voir ça ! »

Votre ado vient de vous provoquer ? Il ne faut pas se tromper de réaction. Selon vos émotions et votre enfance, il y aura différents types de réponse. Ensuite, une révision générale du règlement intérieur de la maison sera sûrement nécessaire…

Des parents blasés ou assommés ?

« M'en fous, je ferai le mur ! » Difficile de rester calme devant les menaces de votre ado survolté(e). Surtout si l'insoumis(e) n'en est pas à sa première ruade. Certains parents, malmenés depuis des années, sont blasés. Ils ont tendance à banaliser la réaction de leur ado, et ne

voient pas ou plus les tensions qui se cachent derrière ses attitudes de plus en plus limites.
En revanche, les parents d'un ado qui rue dans les brancards pour la première fois sont déstabilisés. L'heure est grave : ils sentent que leur enfant attend de leur part une réponse qui sera importante. Et il n'est pas sûr que le stress ou l'affolement dans lequel ils se trouvent soient les meilleurs conseillers !

Les conséquences sur la vie de couple

La pression est telle que le conflit avec l'ado rebondit souvent sur la vie de couple : « Je te l'avais dit, que ton laxisme (ou ton esprit psychorigide) ne mènerait à rien », tempête l'un. Et c'est parti pour une pluie de critiques.
Certains ados cultivent avec soin l'art de la provocation. Leur but ? S'immiscer dans la vie du couple parental, pour être sûr d'occuper le premier plan, en positif (« Quel amour ! ») ou en négatif (« Quel emmerdeur ! »). On ne peut pas vraiment accuser cet ado de créer les fragilités du couple. Il se contente de les accentuer, en s'engouffrant dans les failles qu'il perçoit, les divergences parentales sur le shit ou l'argent de poche, par exemple.

Dans ces cas de figure, le trait qui relie le père à la mère s'efface pour être remplacé par deux autres, reliant chaque parent à l'enfant. Le risque? Que l'ado malin fasse alliance avec un parent contre l'autre, qui devient l'adversaire. Cette mécanique œdipienne échoue habituellement aux pieds du couple parental. Mais, face au couple déjà ébranlé, cela marchera peut-être, se dit-il, et il tente sa chance. Et son Œdipe réactivé se frotte les mains, même si, au fond de lui, il espère bien être débouté. Pour éviter que l'ambiance tourne au polaire dans le couple, l'idéal serait d'avoir une position commune, même si l'un des parents bénéficie d'une position un peu plus gratifiante, tant il est important que l'adolescent garde un point d'appui.

Les conséquences sur la vie de famille

Mais il n'y a pas que le couple à être pris dans la tempête. Cet ado rebelle, devenu le centre de sa famille, déclenche désolation ou jalousie dans la fratrie. «Moi je fais tout bien et c'est toujours de lui qu'on parle», se lamentent les non-rebelles. Il existe aussi un risque de contagion pour les autres, tentés de faire pareil, histoire d'être à leur tour sous les feux de la rampe.

Pour la fratrie, quel camp choisir, entre ce frère (cette sœur) imbuvable et les parents ? La solidarité générationnelle marche, mais pas toujours. Certains enfants se rangent du côté des géniteurs en ayant l'air de les soutenir. C'est du fayotage, d'accord, mais c'est de bonne guerre !

Plus largement, le conflit peut aussi rejaillir sur les grands-parents dont on craint parfois les commentaires, prompts qu'ils sont à évaluer notre (in)capacité de parents à contrôler notre indisciplinée descendance. Mais la plupart d'entre eux savent se montrer des alliés apaisants.

Les conséquences sur la vie professionnelle

Comme le reste, la vie professionnelle sera perturbée par l'énergie psychique qu'on consacre à l'ado : trouvera-t-on dans la boîte aux lettres un énième mot du lycée ? Sera-t-il / elle rentré(e) à 23 heures ? On a du mal à se concentrer, surtout si les journées de travail sont entrecoupées de coups de fil ou de mails avec son conjoint à propos de l'ado.

C'est le seul avantage de la période : paradoxalement, les liens entre les parents peuvent se trouver resserrés. Ce rapprochement parental autour du négatif (« Que vat-on faire de lui/d'elle ? ») éloigne en même temps tout risque d'alliance de l'ado et d'un parent contre l'autre.

Flash-back sur l'enfance

Celle de l'ado

Le conflit avec l'ado rebelle démarre rarement le jour de son premier bouton d'acné. La relation s'inscrit le plus souvent dans une continuité. Appuyez sur la touche *rewind* pour vérifier : à l'école maternelle, comment se passaient les séparations avec l'enfant : tout le monde était en larmes ou guilleret ? Si des événements (il s'est blessé à la crèche, a été malade, etc.) ont teinté d'angoisse ces premières séparations, les expériences d'autonomie vécues par l'ado réveillent alors une inquiétude ancienne qui empoisonne le quotidien.

Celle du parent

Il n'y a pas que l'enfance de l'ado qui interroge : les modèles qui ont façonné les parents jouent aussi un rôle dans leurs actuelles positions éducatives. « Comment mes parents s'y prenaient ? », « Comment s'y prendraient-ils à ma place ? » se demande le parent. Lequel cherche à se retrouver (ou non) partiellement en son

ado : «Tiens, il fait comme moi au même âge!» Que l'attitude de l'ado ne fasse écho à rien de ce qu'on a connu n'est pas toujours un mal : on ne se retrouve pas plongé dans sa propre histoire.
Alors, après cette énième engueulade avec son ado, le parent fait un bilan éducatif, seul, à deux, en famille ou avec des amis. «Que s'est-il passé pour que je me laisse embarquer ainsi? Pour que je réponde ça?» Ce bilan est imprégné de son environnement éducatif, avec tous les mouvements de rivalité ou de jalousie qui se greffent dessus. «Tu ne devrais pas poser de problèmes, avec tout ce que tu as!» clame-t-on à l'ado. Sous-entendu : «Tu n'auras pas plus que ce que j'ai eu, il n'y a pas de raison.»
D'autres mécanismes interviennent aussi, comme la réparation : on est alors heureux que nos enfants aient ce qu'on n'a pas eu dans notre enfance (plus d'affection, plus de cadeaux... ou un cadre plus strict). Heureux, aussi, que nos enfants aient... d'aussi bons parents!
Enfin, il arrive que des parents disant : «Avec tout ce qu'on fait pour toi», s'arrêtent au milieu de la phrase, glacés d'effroi. Ils réalisent qu'ils prononcent, mot pour mot, ce qu'ados, ils s'étaient juré de ne jamais seriner à leurs futurs enfants. Après cela, et dans cette époque qui semble dire : «À chacun de trouver son chemin», étonnez-vous d'être un peu perdus!

Les réponses des parents

Heureusement, il reste encore quelques balises pour s'y retrouver! La première apporte un éclairage théorique à la relation qui se noue entre la mère et son enfant. Les suivantes présentent les différentes formes de réponses des parents aux provocations de leur ado. Chaque parent devrait y trouver un air de déjà-vu!

⇒ De la théorie...

Wilfred Bion, un psychanalyste anglais du XXe siècle, a beaucoup travaillé sur les aller-retour émotionnels entre la mère et l'enfant. La mère a un rôle de filtre des émotions éprouvées à l'état brut par le bébé : désespoir quand son biberon tarde, amour quand sa mère change sa couche, etc. La mère reçoit ces émotions et les transforme pour leur donner une forme restituable à l'enfant. Par exemple, devant son tout-petit qui hurle de faim, elle le prend dans ses bras et dit : «Ne t'en fais pas, ton bib'est prêt.» Ici, c'est le même principe : il faut transformer les émotions que renvoie l'ado pour en faire quelque chose de digeste pour lui et les autres. Car l'ado a encore besoin de l'aide de ses parents pour assimiler ces émotions qui le submergent. Mais, à son âge, les choses sont moins simples qu'avec un bébé : on ne peut pas le cajoler, il est trop grand pour ça ! Alors, que fait-on ? Désemparés par cet ado qui nous pousse à bout et qu'on ne sait plus comment contenir, on laisse parler ses émotions. Et à son tour, on réagit. Un peu comme si l'on répondait à un bébé qui pleure de faim : « Tu me fatigues, sale gosse ! »

➾ … À la pratique

• **L'indifférence affichée** : « Vas-y, je m'en fous ! » répondent les parents aux provocations de l'ado. C'est l'équivalent du « Même pas mal ! » des enfants. Les parents font « comme si » ça ne les touchait pas, alors qu'en fait, ils n'ont aucune envie qu'elle prenne la pilule en cachette ou fasse le mur.

L'ado déclare violemment qu'il ira quand même à cette fête ? Ses parents réagissent aussi sec : « Vas-y, ça nous fera des vacances ! » En restant sur le même niveau de dialogue, tendance ping-pong verbal, ils font une réponse qui n'ouvre pas à l'échange. En fait, dans cette situation, l'ado projette sur eux la violence qu'il ressent en lui-même. Et cette violence, les parents la lui renvoient par leur « Vas-y ». Au final, l'adolescent n'est pas dupe : il sait bien que c'est une fausse indifférence. Alors, il en joue. Il prépare ses bagages bruyamment en pensant (en espérant !) : « Ils vont venir dans ma chambre pour discuter. » Mais d'autres pensent : « S'ils disent qu'ils s'en fichent, c'est qu'ils ne m'aiment pas »… On voit qu'il vaut mieux éviter de jouer à ce jeu-là, qui ne fait du bien à personne. Tout au plus peut-on jouer la carte de l'indifférence, dans certaines situations. Vous n'êtes pas très chauds pour laisser votre ado dîner avec un ami au fast-food, mais pas franchement opposés non plus ? Il arrive un âge où l'on ne régente plus la vie des enfants, surtout sur les choses sans importance ! Alors, vous dites : « Tu as 14 ans, on te fait confiance. Tu rentres à quelle heure ? » En lâchant du lest dans certains cas, on se donne la possibilité de tenir bon à d'autres moments, sur des sujets qui nous tiennent plus à cœur. Et là, quand c'est non, c'est non !

• **L'escalade verbale :** c'est à celui qui sera le plus provocateur. « Puisque c'est comme ça, je me tire », crie l'ado. « Essaie un peu », lancent les parents. Ils répondent au défi de l'ado par un autre défi. Pour rester dans la comparaison avec un tout-petit, c'est comme si les parents se mettaient à hurler plus fort que leur bébé. Dans cette escalade verbale avec l'ado, on touche vite aux questions d'honneur… Et ce n'est jamais un bon calcul : celui qui cède sera forcément humilié. Or il faut savoir sortir la tête haute d'un conflit, sans couler son adversaire.

Je m'en fiche, j'irai quand même !

Comme l'ado est en train de se prouver qu'il est capable de faire des choses, si ses parents l'invitent à passer à l'action, il va s'engouffrer dans la brèche. On pourrait plutôt dire : « On sait bien que tu en es capable (de conduire sans permis... de boire comme un trou) ! » L'idéal ? Trouver une sortie plus apaisée, en ajoutant un zeste d'humour par exemple. Mais attention au dosage : l'ado déteste l'ironie moqueuse.

• **Le désespoir :** les parents sont effondrés : « Je savais bien qu'on n'y arriverait pas ! » L'ado n'en demandait pas tant. Il ne s'attendait pas à toucher ses parents à ce point ! Il se sent coupable de provoquer un tel remous, comme il se sent responsable du bonheur ou du malheur qu'il leur apporte. Ce désespoir peut conduire les parents à prononcer des choses dures : « On n'aurait jamais dû faire d'enfant » ; ou : « Je ne vois pas d'autre solution que l'internat. » C'est douloureux pour l'ado de voir ses parents se disqualifier ainsi. Il s'en veut de leur faire autant de peine, en particulier à sa mère, davantage sur le mode désespéré que son père. Ce n'est pas le moment de baisser les bras quand le quotidien avec un ado exige exactement l'inverse : se retrousser les manches...

• **La colère :** si elle est pratiquée sans ceinturon ni coups de poing, après tout, pourquoi pas ? Une bonne colère n'est pas traumatisante, d'autant que l'ado n'est pas tout à fait surpris de la réaction parentale. Ses parents tempêtent après avoir reçu son bulletin scolaire. Ben oui, il a beaucoup séché... Les parents réagissent et sanctionnent. Comme quand il était plus jeune. C'est la règle du jeu, non?

• **Le dialogue :** «Chez nous, on discute», c'est leur devise. Même si ces parents copains bouillent intérieurement (quand ils se l'autorisent...), ils n'en montrent rien. Trop soucieux de conforter leur image de bons parents, ils craignent de briser la relation ou d'en abaisser la qualité en élevant la voix. Alors, on parle. L'ado risque de pousser le bouchon un peu plus loin... pour voir jusqu'où résisteront ces parents allergiques au conflit!

• **La culpabilité :** ces parents-là s'en veulent, incapables qu'ils sont de trouver la bonne réponse. Ils ne cherchent pas seulement à être des parents sympas, mais aussi des bons parents. Les voilà pris dans leurs tourments : «Tu crois qu'on a bien fait de lui interdire de voir son petit copain?» Appliqués à trouver la bonne réponse, ils font leur autocritique et se questionnent finalement plus sur eux-mêmes que sur leur ado. Et l'ado, pendant ce temps? Il fait le mur.

Éducation, révision générale !

Quelles que soient les réponses des parents, ces derniers ont très souvent du mal à voir grandir leur ado. Même s'il a pris quinze centimètres dans l'année et / ou deux tailles de soutien-gorge ! Mais ce coup-ci, ça y est, on ne peut pas l'ignorer : l'ado fait sa crise. « On est tous passés par là, ce n'est pas si grave », dites-vous. Cette tendance à minimiser les dégâts est d'autant plus forte qu'on nous rebat les oreilles avec les ados qui vont mal. À force, on s'étonne presque que le nôtre nous adresse encore la parole à table ! Mais à tout banaliser, on affadit le message qu'il transmet. Et qu'il aimerait bien qu'on entende.

C'est le moment de remettre les pendules à l'heure. L'ado a grandi ? Ses droits et devoirs ont besoin d'être réajustés à sa taille ! On n'est pas obligés de revoir le règlement intérieur de la famille juste après le clash. Sans quoi il s'imagine qu'il lui suffit de hurler pour obtenir ce qu'il veut. Mais un peu plus tard, on en reparle : « C'est vrai, nos réponses sont peut-être périmées. Qu'est-ce que nous pourrions mettre en place à présent ? »

Cet ajustement est encore plus nécessaire quand il y a une fratrie qui homogénéise souvent les règles de vie : « Pas de télé ce soir », ou : « Extinction des feux à

21 heures ! » décrètent les parents, oubliant que la fratrie compte un ado furieux de se coucher avec les poules (et ses frères de 7 et 12 ans). Pour s'éviter la réflexion qui ne tarde pas à venir (« C'est pas juste ! »), on individualise : l'ado ne se couche pas à minuit sous prétexte que c'est l'aîné. Mais on ne l'envoie pas au lit en même temps qu'un CM1. Il faut bien qu'il y ait des avantages à grandir !
Cette révision générale peut se faire régulièrement, par exemple, tous les six mois. Histoire de montrer que les règles familiales ne sont pas immuables…

L'essentiel

Tout seul, l'ado a du mal à contenir ses émotions. Il attend de ses parents qu'ils l'aident à les « digérer ».

Excédé, le parent réagit en laissant parler ses émotions… Même s'il sait que sa colère, sa fausse indifférence, son désespoir, etc. ne seront guère utiles.

Le conflit entre l'ado et ses parents provoque une onde de choc qui n'épargne ni le couple, ni le travail, ni la fratrie.

Je m'en fiche, j'irai quand même !

De temps en temps, on fait le bilan de l'éducation donnée à l'ado ; et on réajuste ce qui doit l'être. Ainsi, on prend acte que l'ado grandit ; et on montre qu'on n'est pas si rigides...

Chapitre 5

« Et pourtant, on est sympas avec lui ! »

Vous ne comprenez pas : vous êtes plutôt des parents cool. Et pourtant, votre ado n'est pas tendre avec vous. Sur vos kilos en trop, vos cheveux blancs ou vos idées, il ne vous loupe jamais ! C'est qu'il a besoin de marquer la différence des générations pour grandir.

Rester jeunes à tout prix…

Quel décalage terrible entre le souhait des adultes de paraître (ou rester) jeunes… et l'appréciation des ados. Qui, tôt ou tard, nous scient les pattes d'un définitif : « Vous êtes des vieux, vous comprenez rien ! » L'avantage que nos géniteurs avaient sur nous, parents du XXIe siècle, c'est qu'ils se moquaient comme de notre première boum d'avoir l'air de vieux croûtons. Nous, la simple

idée que notre ado remarque notre cellulite ou nos performances déclinantes au tennis suffit à nous déprimer pour huit jours...
Cette volonté de rester jeune est apparue avec les ados des années 70, dans un monde qui en aurait fini des guerres et de l'autoritarisme. Tout ce qui se rapportait aux valeurs « d'avant » était considéré comme obsolète, la vieillesse comme le reste ! Pour ces ados, c'était une volonté de se différencier de leurs propres parents. Puis ces jeunes ont grandi, devenant parents à leur tour. À leur tour, leurs enfants ont grandi, et aujourd'hui, devant ces petits devenus ados, il y a comme un effacement des générations. Jean et Converse pour tout le monde : on finit par avoir du mal à distinguer les adultes des ados ! Les parents, en toute bonne foi, se disent : « Soyons plus sympas que nos parents l'étaient avec nous, cela évitera les conflits avec nos enfants. » Mais en raisonnant ainsi, ils interdisent à leur progéniture de se différencier, l'obligent à adopter des postures excessives, dans un sens ou dans l'autre. Certains jeunes choisiront la voie de la transgression. D'autres, au contraire, deviendront hypernormés puisque la place du « jeune » insouciant est occupée par ses parents. C'est ainsi qu'on voit des jeunes de 23 ans parler points retraite, achat immobilier ou placements financiers...

L'heure du jugement, sans prendre de gants

Dans un sens, heureusement que les ados sont là pour rappeler aux parents qu'ils prennent de l'âge. Sinon, qui le leur dirait ? Et cette question se pose aujourd'hui différemment avec l'allongement de l'espérance de vie. Ce n'est qu'à 80 ans bien sonnés qu'on accepte – enfin – de se sentir vieux !
Ce mouvement de jeunisme n'épargne personne, pas plus les profs ou les autres éducateurs que les parents. Mais à trop vouloir être proches de ces ados, attention au retour de manivelle. Devant un adulte qui le tutoie, l'ado ne s'y trompe pas : ce n'est pas parce qu'à 44 ans, on porte un jean et qu'on écoute The White Stripes qu'on n'est pas un adulte. Il ne faudrait pas confondre la forme et le fond, rappellent les ados. Qui ne se montreront pas toujours tendres avec ces « faux jeunes ».

Se différencier, à tout prix

Il vous rappelle votre âge ou vos rides, s'enferme avec éclat dans sa chambre ou vit à contre-courant de vos horaires ? L'attitude de l'ado est... directe. C'est l'une des cinquante-six manières qu'il a trouvées pour exprimer par des mots ou par des actes : «Je ne suis pas comme vous et aujourd'hui n'est pas hier.» Quand il vous le répète, ce n'est pas pour vous blesser mais pour vous rappeler la différence générationnelle. Vous en êtes très touchés? Vous aurez peut-être du mal à le croire, mais il sera le premier surpris d'ébranler l'édifice parental : il ne pense pas une seconde que ses paroles ou ses actes puissent avoir un tel impact.

Tous égaux, mais pas tous pareils…

Ce mouvement d'indifférenciation générationnelle gagne-t-il aussi l'identité sexuelle? Qu'est-ce que l'ado perçoit de la différence des sexes entre son père et sa mère? Entre les hommes et les femmes qui l'entourent? Il y a de plus en plus souvent une confusion entre le «tous égaux» et le «tous pareils», ce qui est évidemment faux. Il y a une bonne intention de départ («tous égaux») mais cette confusion a une conséquence : plus on gomme les différences, plus elles reviennent. Nous, tous pareils, vraiment? Sûrement pas! Alors, pour le montrer clairement, on en rajoute une couche. En cela, on pourrait dire que cette époque est adolescente : sous couvert d'égalité des droits, on ne supporte plus les différences, sur un plan familial, régional (les Basques, les Corses, etc.), social (les banlieues, entre autres...) ou international. On le voit bien au niveau familial : moins les parents acceptent de reconnaître les différences, plus le travail de l'ado sera difficile... ou excessif, pour être reconnu. Cela se vérifie aussi sur les autres plans.

Des parents balises

« Sur qui puis-je compter ? » se demande l'ado. Il ne peut pas compter sur lui-même : son corps et ses pensées sont trop mouvants pour être fiables. Contrairement à ce que l'ado clame, les modèles parentaux sont importants. Même s'il les décrie, il a toujours besoin de ces repères, qui lui servent de balises dans la traversée de sa tempête intérieure. Le problème, c'est quand le parent, comme l'ado, remet tout en cause, devenant lui-même une balise mouvante. Dans ce cas, l'ado perd pied ! Le risque, c'est qu'il se raccroche à des bouées plus solides (l'intégrisme en est une, de même que le discours sécuritaire de certains hommes politiques), aussi simplistes que rassurantes. Mais il peut aussi basculer dans le doute, la déprime ou la marginalisation. C'est en cela qu'il est essentiel de comprendre que les parents restent toujours importants. La violence de l'ado à leur propos est à proportion de ce que ces adultes comptent pour lui. Lesquels comptent souvent plus qu'ils ne le pensent – ou ne le veulent!

Le décalage entre discours et comportement

Parce que ces parents restent des modèles malgré tout, l'ado va s'intéresser à la façon dont ils vivent. Par exemple, comment se débrouillent-ils avec leurs contradictions? En cas de conflit avec un voisin? Au travail? En voiture?

En regardant ces adultes se comporter, c'est comme si l'ado cherchait le mode d'emploi de «Comment ça marche, un adulte?». Cela l'invite à s'interroger : «Et moi, devenu adulte, comment je me débrouillerai?» Bien entendu, plus les jeunes grandissent, plus leur champ s'élargit et compte d'autres adultes référents : un entraîneur sportif, un copain des parents, un prof, un acteur, etc.

Nous voilà prévenus, nous sommes sous haute surveillance : plus il y aura de décalage entre le discours «officiel» et nos actes, plus ce sera déstabilisateur pour notre ado. À quoi doit-il se fier : à ce qu'il voit ou à ce que les parents déclarent ? S'il constate un fossé entre les deux, ne vous étonnez pas qu'il soit tenté de faire pareil... Par exemple, si ses parents lui serinent chaque jour : « Mange des fruits, c'est bon pour la santé ! », mais qu'un des deux n'en mange jamais, l'ado se dira qu'il ressemble au parent allergique aux fruits. De même, quand ils débarquent dans sa chambre et le rabrouent d'un : « Sors un peu de ta tanière, va voir des copains », il aura vite fait de hausser les épaules si ses parents ne voient jamais personne ! Ce sera vrai aussi dans toutes sortes de domaines : sécurité routière, tabac, etc.

La valeur de l'exemple

Face à un ado, abandonnez les grands discours : il n'y croit plus. Ce qui compte pour lui, c'est l'attitude au quotidien, ce qu'on fait et comment on le fait. C'est à cela qu'il s'identifie.
« Aïe », pensez-vous... Vous qui mangez peu de fruits, fumez un petit pétard de temps à autre et ne crachez pas sur l'apéro. Rassurez-vous, on a aussi le droit de dire à son ado : « Tu n'es pas obligé de faire comme moi. » Par exemple, à propos du tabac : « Tu vois où ça me mène : je gâche ma santé et je suis dépendant de la cigarette. Si je

peux t'aider à te débrouiller autrement, ce serait bien. Et si c'était à refaire, je referais autrement. » L'ado lève le sourcil, un brin moqueur. Certes, l'expérience d'autrui n'est bonne qu'à jeter aux orties. Mais vous lui avez parlé honnêtement, pour ne pas rester dans la contradiction entre le discours antitabac et vos actes. C'est déjà ça.

Accorder ses violons dans le couple

Une fois qu'on a réglé ses propres contradictions et que notre attitude est devenue quasi exemplaire, reste à se mettre au diapason dans le couple ! Dans l'idéal, on souhaiterait s'accorder, au minimum sur les choses essentielles. Il y a l'idéal… et le quotidien, un peu différent. Car vous n'avez pas le temps de parler de tout préventivement ; et quand bien même vous le trouveriez, il n'est pas sûr que vous seriez d'accord à cent pour cent. Ici, ce qui compte, c'est la façon dont les parents se débrouillent quand leurs avis divergent. Une leçon précieuse pour l'adolescent qui découvre comment gérer ses propres conflits. Par exemple, l'heure de sortie, avec un parent strict, et l'autre plus souple. Comment ce dernier acceptera-t-il le retour imposé à minuit ? Il peut dire : « Pour moi, ce n'est pas important. Mais en tant que parent, je te fixe des contraintes car tu dois apprendre à accepter les horaires. Au collège ou au travail, tu auras plein de contraintes. Mieux vaut apprendre à les gérer maintenant. »

Les autres adultes, aussi, sont pris dans le même mouvement. C'est aux parents de rester vigilants pour ne pas dévaloriser ces figures qui comptent dans la vie de l'ado. « Il est nul, ton prof. Il ne connaît rien au monde du travail ! » ne sert qu'à faire perdre son crédit à cet adulte… Et même quand on le pense très fort, on n'est pas obligés de casser du sucre sur le dos des policiers, des hommes politiques (« Tous pourris ! ») ou des voisins.

Que savent-ils de nous ?

Pour créer un lien avec son ado, on peut lui parler de soi. Sûrement pas pour s'ériger en modèle (faites-lui confiance pour vous arrêter à temps…), mais pour lui montrer qu'on accepte de différencier son histoire et celle de ses enfants. Par exemple, on parle de soi au même âge : « Je n'aimais pas mon prof de maths, quand j'avais 16 ans. Par contre, j'avais un prof d'anglais fabuleux ! » Histoire de lui rappeler que le monde des adultes ne se compose pas exclusivement de ratés…

Je m'en fiche, j'irai quand même !

On peut aussi prendre du temps, une journée par exemple, pour faire connaissance : on raconte son enfance, ses études, les relations avec ses parents. À une époque, c'était le rôle tenu par les repas de famille. Chacun y allait de son anecdote, les liens se tissaient en famille, et on apprenait par d'autres que ses géniteurs étaient premiers de la classe ou capricieux, faisaient le mur à l'internat ou étaient champions de natation. Aujourd'hui, ces transmissions se font moins, et la mémoire collective des familles s'appauvrit. Ce n'est donc pas absurde de «solenniser» ces instants de rencontre, d'autant plus précieux qu'ils se font rares. Mais pas besoin pour autant d'envoyer un carton d'invitation ou de fixer un rendez-vous un mois à l'avance. Il suffit d'un moment seul à seul : dans la cuisine devant notre album photo pour admirer nos coupes de cheveux très 80's ; au café quand on va le chercher après le lycée ou au sport ; en voiture quand on part rejoindre le reste de la famille.
Plus souvent qu'on le croit, l'ado «répète» ce qu'ont fait ses parents. Comme s'il se sentait tenu de marcher dans les mêmes empreintes de ces parents qu'il connaît si mal, pour mieux les découvrir. Face à un parent qui s'est livré, l'ado aura le choix de se différencier – ou non – de cet adulte dont il n'ignore pas tout…

L'essentiel

- Pour grandir et se différencier de ses parents, l'ado marque la frontière entre les jeunes et les vieux. Vous êtes de l'autre côté de la barrière? Il ne le dit pas par méchanceté, mais par nécessité.

- La valeur de l'exemple est essentielle pour l'ado, qui relèvera sans cesse les contradictions entre nos discours et nos actes.

- Nous sommes tous égaux, mais pas tous pareils. Nier les différences entre l'ado et soi-même, c'est courir le risque qu'il en fasse des tonnes pour qu'on les remarque…

- Ne disqualifiez pas d'autres adultes devant l'ado : il a déjà assez tendance à critiquer ceux qui l'entourent !

- L'ado connaît mal son parent. En lui disant quel enfant, quel ado on a été, on lui donne le droit d'être différent – ou non – de soi.

Chapitre 6
« J'ai bien le droit ! »

Ce n'est pas parce qu'il grandit et qu'il a besoin de s'opposer à vous que l'ado a tous les droits. Un rapide résumé de ce que dit la loi en matière de droits et devoirs des adultes et de l'ado le rappelle. Mais notre époque est paradoxale : elle rend les mineurs presque majeurs avant l'heure. Si bien que les parents finissent par ne plus savoir ce qu'ils ont – encore – le droit d'exiger de leur ado…

Les droits et devoirs de l'enfant

Ici, c'est la Convention internationale des droits de l'enfant de 1989 qui fait loi. En premier, vient le droit à la santé, à la scolarité et aux loisirs. L'enfant a aussi le droit de saisir le juge pour enfants, dès qu'il a conscience d'être maltraité… et qu'il est assez grand pour téléphoner. En revanche, il n'a pas le droit de saisir le juge aux affaires familiales qui s'occupe du divorce de ses parents. Mais comme tout mineur «doué de discernement», selon la formule consacrée (mais qui reste floue sur l'âge : est-ce 7 ans ? 13 ans ?), il peut être entendu par ce juge. Lequel peut refuser de l'entendre, en motivant son refus.

Le mineur a-t-il le droit de porter plainte quand il s'estime malheureux ou qu'il trouve ses parents trop sévères ? Non. Seul son représentant légal a ce droit, en cas de divorce ou de maltraitance. Mais après 18 ans, le jeune pourra entamer une action en justice pour que l'obligation d'entretien du parent défaillant soit respectée.

Enfin, le mineur porte le nom que ses parents lui ont donné à sa naissance ; ce n'est pas lui qui choisit. En revanche, depuis 2005, les parents ont le droit d'accoler leurs deux noms. L'enfant ne transmettra qu'un seul des deux à ses propres enfants.

Voilà pour les droits. Et en matière de devoirs ? Aïe, la Convention reste curieusement muette ! Il faut aller chercher notre vieux code civil pour trouver une minuscule ligne s'y rapportant : «L'enfant, à tout âge, doit honneur et respect à ses père et mère.» Vous trouvez la formule un peu poussiéreuse ? Pourtant, aucune loi ne l'a jamais supprimée, alors que la loi sur l'autorité parentale de 2002 ne s'est pas privée de moderniser ce qui devait l'être ! Le législateur a donc jugé que ce devoir n'était pas si obsolète qu'il paraît...

Trois droits souvent oubliés

À cela, il faudrait rajouter trois droits essentiels que tout enfant devrait rappeler à ses parents :

• **Le droit de penser ce qu'il veut :** y compris... le pire. À 5 ans, l'enfant a le droit de penser que son père pourrait mourir sur la route, pendant que lui resterait seul avec Maman. Ou que sa sœur se perd dans un magasin, pour en être enfin libéré. Plus tard, il peut s'imaginer qu'il a été adopté tant il trouve ses parents nuls. Quelles pensées horribles ! C'est vrai. Mais ce n'est pas interdit. Cela ne l'oblige ni à les dire (l'ado a le droit de penser : « Mes parents sont nuls », mais pas à haute voix !), ni à passer à l'acte (« Mes parents sont trop cons, je m'en vais »). Sinon, à force de censurer ses « mauvaises » pensées, l'ado finirait par brider sa curiosité intellectuelle, et n'aurait rien à y gagner.

Mais « Ne dis pas ce que tu penses ; et ne fais pas ce que tu dis », n'est-ce pas une invitation faite à l'ado à devenir un faux-jeton ? Pas du tout. D'abord, on n'a pas besoin de connaître cent pour cent de ses pensées (cela évite des conflits) et il est soulagé d'apprendre que ses actes peuvent ne pas suivre ses pensées.

• **Le droit de changer d'avis :** « Et maintenant, c'est l'éloge de l'inconstance. Comme si notre ado n'était pas assez girouette », grommellent quelques parents. Mais justement ! Puisque nos indécis changent d'avis plus souvent que de sous-vêtement, montrons-leur qu'on les entend sans qu'ils aient besoin de passer à l'acte. Par exemple, si votre fille vous entretient deux heures de Sébastien qui est soit un vrai crétin, soit un superdélégué de classe, c'est qu'elle ferait n'importe quoi pour aller à la prochaine soirée que ce garçon organise...

Du côté des parents, que faire ? Par moments, la moutarde vous monte au nez face à ce trublion qui affirme l'inverse de ce qu'il martelait hier, le poing sur la table. Vous pouvez facilement lui faire mordre la poussière en lui rappelant les propos définitifs qu'il tenait vingt-quatre heures plus tôt. Mais la victoire aurait un goût amer, non ? Alors soyez beaux joueurs, et ravalez vos réflexions vachardes. Même si votre ado vous a parlé la semaine dernière de vos poignées d'amour et/ou de vos cheveux blancs... Et réconfortez-vous en pensant que, vous aussi, vous avez le droit de penser les pires horreurs de votre progéniture quand elle vous court sur les nerfs. En silence, bien sûr.

• **Le droit d'être contenu :** pour le protéger des risques qu'il court, les parents doivent contenir leur ado. Pas pour le limiter ni le brider, mais par souci de lui, par respect de sa jeune personne. Afin qu'il ne puisse pas dire, dans dix ans : « Vous avez failli dans votre éducation. » C'est cette obligation de protection, pour contenir l'ado, qui lui permet ensuite de s'ouvrir au monde.

Des mineurs presque majeurs

L'âge de la majorité ne bouge pas puisqu'il est toujours de 18 ans. Mais nous sommes dans une époque très paradoxale. D'un côté, les mineurs vivent de plus en plus comme des « grands » : ils ont leur portable, leur scooter (parfois), leur amoureux(se), avec qui ils dorment chez Papa-Maman, leurs vacances entre copains, leur argent de poche, etc. Et de l'autre, il y a les 20-25 ans, qui ne s'assument pas tous financièrement. Toujours aux crochets financiers de leurs parents, ils ne sont pas tout à fait considérés comme majeurs à cent pour cent. Une preuve assez symbolique ? Un jeune adulte peut réclamer une pension à ses parents jusqu'à être en âge de gagner sa vie « comme un grand »...

Empêtrée dans ses contradictions, la société oscille entre protection et responsabilisation de ces « minima-jeurs », ces mineurs qui jouent aux grands. Soit on pense qu'ils sont responsables très tôt, et la cohérence voudrait qu'on abaisse l'âge de la majorité. Soit on estime que ces jeunes sont irresponsables jusque tard (25 ans), puisque dépendants de leurs parents. Incapable de trancher, la société reste cramponnée à ce symbolique 18 ans, qui serait l'âge idéal de l'émancipation. À une certaine époque, il l'a sûrement été. Reste à savoir ce qu'il représente aujourd'hui...

Que reste-t-il comme droits aux parents ?

Mais, alors, comment éduquer ces mineurs presque majeurs avant l'heure ? « On n'a plus le droit de rien faire ! Comment fait-on pour le faire obéir ? », grognent-ils, se sentant bâillonnés, les mains ficelées dans le dos. C'est vrai, il y a des choses qui se font de moins en moins : la fessée, par exemple. Dans certains pays d'Europe du Nord, elle est carrément hors la loi. La Suède l'interdit depuis 1979, la Norvège depuis 1987 et l'Allemagne depuis 2000. En France, la loi ne se prononce pas sur ce sujet. Chaque parent fait comme il peut ou comme il veut. Il y a ceux qui feraient bien de se rappeler qu'on n'élève pas un enfant en levant la main sur lui. Il y a ceux qui, déstabilisés par le discours ambiant, s'interdisent l'usage de la fessée, se sentant des quasi-délinquants à chaque fois qu'ils élèvent la voix sur leur enfant. Et il y a tous les autres, qui y ont recours uniquement en cas d'urgence. À 5 ans, à 8 ans, pour marquer une bêtise exceptionnelle, la fessée ne traumatise personne, ni celui qui la donne ni celui qui la reçoit. Plus tard, avec un ado, il devient exclu que l'affrontement en famille passe par des coups.

C'est tout le problème de l'époque actuelle ; elle est pavée de bonnes intentions (protéger l'enfant, éviter les dérapages éducatifs). Mais ces dernières ont des effets secondaires indésirables : elles fragilisent les positions éducatives des parents. Cela n'est pas tombé dans l'oreille d'un sourd (de millions de sourds, plutôt) : les jeunes ont perçu le désarroi des adultes. Et ils ont vite compris que l'époque leur laissait les coudées franches pour exiger de plus en plus de liberté.

Pendant ce temps? Les parents s'angoissent. Et les experts répètent : «Intervenez! Si vous ne le faites pas, ça ira mal pour vos enfants.» Mais la période n'a jamais aussi peu qu'aujourd'hui donné le mode d'emploi pour cadrer des jeunes. Beaucoup de parents ont l'impression d'être au volant d'une voiture dont on aurait supprimé les freins, entourés d'automobilistes leur criant : « Freinez, bon sang ! Vous voyez bien que vous allez trop vite. » Freiner, d'accord. Mais comment ?

L'autorité parentale, que dit la loi ?

Pendant des décennies (des siècles, pourrait-on dire), les choses étaient réglées comme du papier à musique. Jusqu'à leur majorité, les enfants étaient sous l'autorité des parents ; du père, d'abord, puis des deux parents depuis la loi de 1970. En 2002, la loi sur l'autorité a fait le ménage pour énumérer plus clairement les droits et devoirs des parents. En résumé, les parents doivent assurer la santé (psychique et physique), la sécurité et la moralité de leurs enfants et ils ont aussi un devoir d'éducation. Ils ont enfin une obligation de nourrir et vêtir leur descendance ; quand ils sont séparés, cette obligation d'entretien se fait par le biais de la pension alimentaire.

La nouveauté, depuis 2002 ? Les parents doivent associer l'enfant aux décisions qu'ils prennent. Cela ne veut pas dire qu'on lui demande son avis sur la couleur des rideaux ou les prochaines vacances, mais qu'on le tient au courant de ce qui le concerne, aujourd'hui ou dans le futur. Cette mesure a été prise pour les nombreux cas de rupture conjugale où la communication était « grippée » : faute de dialogue entre les parents, l'enfant était tenu à l'écart des modifications touchant à son quotidien (déménagement, changement de résidence entre le père ou la mère, etc.). La loi de 2002 a ajouté aussi quelques lignes concernant le statut du beau-parent. Transparent d'un point de vue légal depuis des lustres, il fait enfin son apparition officielle : la loi donne désormais délégation de l'autorité parentale à un tiers, un troisième adulte qui s'occupe de l'enfant. Un de plus, ce n'est pas forcément un de trop pour s'occuper d'un enfant… et *a fortiori* d'un ado.

L'essentiel

- **Les parents doivent entretenir et éduquer l'ado comme l'enfant, et veiller à sa santé et sa sécurité.**

- **L'ado a le droit à la santé, à la scolarité et aux loisirs. Mais il ne peut pas choisir son nom ou, mineur, porter plainte contre ses parents.**

Je m'en fiche, j'irai quand même !

Les mineurs ont de plus en plus de droits et, en même temps, les majeurs s'assument de plus en plus tard. Les parents, perdus, ne savent plus comment se faire obéir de leurs presque majeurs...

Il faudrait accorder à l'ado le droit de penser ce qu'il veut, de changer d'avis et d'être contenu par ses parents.

Chapitre 7
« On n'a aucune autorité sur lui... »

Difficile de frustrer son ado, dans cette époque où l'épanouissement personnel est si recherché ! Désorientés, les adultes oscillent entre répression et laxisme ; certains hésitent même à s'opposer, par peur de ne plus être aimés. Mais c'est oublier les vertus des limites – agaçantes mais rassurantes –, et celles du conflit, que l'ado vivra forcément un jour ou l'autre.

Tout petits déjà...

Il est bien dans l'ère du temps, ce 3-6 ans qui dit « avoir bien le droit » (de regarder la télé le soir, de manger le Nutella à la cuillère). Ses parents canalisent-ils cette phase d'opposition en disant : « Tu verras plus tard » ou « Je ne suis pas d'accord » ? Alors, il y a des chances pour

que l'enfant passe à un autre registre, après avoir essuyé moult refus face à un parent qui tient bon. D'où l'intérêt de soutenir les parents soucieux de bien faire, plutôt que de leur couper l'herbe sous le pied en les pénalisant ou en leur supprimant les allocations familiales.
Si, au contraire, le parent n'arrive pas à frustrer l'enfant, la période d'opposition risque de reprendre du poil de la bête… et de durer des années ! Alors, l'enfant arrive à l'adolescence en vrac, pourrait-on dire, comme s'il n'y avait eu ni « digestion » de ces frustrations, ni remise en place des tensions relationnelles vécues ces dernières années.

Fixer les limites, c'est si dur !

Du côté des parents, l'heure est à l'abattement. « L'envoyer se coucher avant minuit ? Je n'y arrive pas », se lamente-t-on ici, tandis qu'un autre doit batailler des heures pour obtenir un semblant de chambre rangée ou une consommation modérée de tabac (de sucreries ou de shit, selon l'âge). D'ailleurs, la société n'arrête pas de répéter que les parents sont devenus démissionnaires et qu'ils ne savent plus s'y prendre. Les émissions de télévision comme « Supernanny » s'engouffrent dans la tendance, en faisant comme s'il existait un mode d'emploi pour ado rebelle. C'est évidemment une douce illusion : si éduquer des enfants se faisait comme les œufs à la neige, avec la recette à la main, ça se saurait. Mais ces discours ne marcheraient pas un seul instant si les parents se sentaient plus sûrs d'eux. Quand on est en plein désarroi, n'importe quelle recette fait l'affaire !

Des parents pleins de bonnes intentions

Tout démarrait bien, pourtant : 99,9 % des parents sont animés de très bonnes intentions. Aujourd'hui, l'enfant est de plus en plus investi : on a choisi le moment de son arrivée, son prénom pendant cinq mois, sa nounou pendant six. Et dès sa naissance, on calque son rythme de vie sur le sien. Cet enfant devient le projet numéro un des parents, qui se sont juré de ne rien faire comme leurs parents un peu rigides, le modèle type des années 60.
Aujourd'hui, le maître mot de l'éducation, c'est l'épanouissement de l'enfant. Résultat ? Au prétexte de l'épanouir, on lui accorde de plus en plus de choses. Et on a du mal à dire ce « non » qui fait pleurer le petit... et bouder l'ado, un peu plus tard. Enfin, puisqu'on consacre le maximum à son enfant, il faut que cette

petite (ou grande) merveille soit conforme aux espérances parentales. Alors, dès qu'un grain de sable se glisse dans les rouages, c'est la panique à bord, proportionnelle à l'énergie consacrée.

En mal de reconnaissance et d'amour

La période ne facilite vraiment pas le positionnement des parents. Il y a en effet une confusion entre les enjeux affectifs et les nécessités éducatives : on s'imagine que l'amour qu'éprouve un enfant pour son parent se mesure à l'aune de ce que ce parent lui accorde. Autrement dit, il faudrait dire « oui » tout le temps pour être aimé… D'ailleurs, beaucoup de parents ne supportent pas d'entendre leur enfant dire : « Je ne t'aime pas » (l'ado choisira une version bien plus crue !). En soi, cette formule est banale ; elle indique que le parent est une personne importante pour l'enfant, peut-être plus que ce dernier ne le reconnaît.

Il y a des parents qui ne doutent pas de bien faire en faisant preuve d'autorité et en résistant aux désirs de leur ado, quitte à être taxés de « mauvais parents ». Ils sont assez sûrs d'eux pour supporter les piques d'un ado ulcéré. Mais d'autres, pour des raisons psychologiques, culturelles ou économiques, ne savent plus dire « stop » et ont peur de ne pas être de suffisamment bons parents. L'ado le sent... et en profite pour pousser le bouchon un peu plus loin.

Les limites, ça rassure...

Souvent, ces parents qui ont du mal à s'opposer ne désirent rien d'autre que le bonheur de leur enfant. Mais ces bonnes intentions de départ ont un effet secondaire indésirable. Un ado à qui l'on cède tout, le sweat Nike à 80 euros, la sortie jusqu'à 4 heures du matin, le cours séché parce que le prof est nul, c'est satisfaisant... seulement à court terme. Car l'ado se demande jusqu'où il devra aller pour trouver une borne. Et si ses parents seront là en cas de gros pépin, le jour où il aura pour de bon besoin d'être limité (sur le cannabis, l'absentéisme, les nuits entières sur le Web, etc.). Peu à peu, cet ado perd son statut d'enfant : il devient presque un partenaire de la même génération que ses parents. À l'inverse, l'ado doté de parents plus sévères est rassuré de voir ses parents résister à ses assauts répétés. Il est en colère, certes, mais sécurisé.

Cette incapacité de certains parents à poser les limites traduit une forme d'insécurité des adultes, qui ont besoin d'être rassurés en permanence. C'est leur propre enfant qui doit valider leurs choix. Et en cas de pépin ? L'adulte se trouve à demi responsable ; et l'ado, trop responsabilisé, se sent aussitôt coupable puisqu'il est associé à tout ! Alors qu'au fond, c'est confortable, pour un ado, de faire des reproches à ses parents et de décharger sa responsabilité sur eux. Cela lui donne envie de grandir pour faire mieux qu'eux, et vivre demain tout ce que ces ringards lui interdisent aujourd'hui.

Vive le conflit !

Ne jamais s'affronter avec l'ado n'est pas forcément positif. D'abord, un conflit qui ne se termine pas à coups de poing ou par le départ d'un des protagonistes montre qu'on peut avoir des points de vue contradictoires et continuer à s'aimer. L'ado apprend à affirmer ses opinions, sans se sentir obligé d'être d'accord avec ses géniteurs. Dans sa famille, que fait-on quand on n'est pas d'accord : les assiettes volent-elles ? L'un des parents fait la tête pendant huit jours ? Les adultes par-

lent-ils ? Par cette expérience, l'ado apprend que donner son avis, même différent des adultes, ne provoque pas toujours l'effondrement de la famille.
La nouveauté, par rapport à la génération précédente, c'est qu'on ne dit plus : « C'est comme ça et pas autrement », mais plutôt : « C'est comme ça ; dis-moi comment toi, tu vois les choses. » On écoute son enfant, mais c'est quand même l'adulte qui décide. Quitte à préciser : « Tu as le droit de ne pas être d'accord avec ce qu'on te demande. Ça ne m'empêche pas de t'aimer. Mais si je te dis de te coucher à 21 h 30, de ne pas manger que des nuggets et des frites, d'éteindre cet ordinateur, c'est parce que je me soucie de toi. » On le verra, il faut du courage pour avancer à contre-courant d'une société où tout ce qui frustre et contrarie l'ado n'a pas le vent en poupe.

Les autres figures de l'autorité, aussi malmenées

Difficile de se situer quand la société oscille entre une répression les yeux fermés (« Il faut visser les canailles », disent certains hommes politiques) et le discours inverse, très laxiste. Les autres adultes qui interviennent auprès des enfants ne peinent pas moins que les parents. Combien d'enseignants avouent qu'ils n'arrivent plus à faire face ? Les ados ne perdent pas une miette de tout cela, et certains s'ingénient à prendre la place de ces enseignants dépassés, en jouant les Zorro des cours de lycée... ou les terreurs.

Le plus souvent, les adultes évitent les deux extrêmes, essayant de trouver le juste milieu. Mais comment fixer les règles de ce discours « ni-ni » (ni laxiste ni répressif) ? C'est le hic. Il suffit d'un rien pour que les règles varient. Par exemple, une dispute avec un collègue de travail, un métro bondé ou deux kilos de trop sur la balance... et vous refusez à l'ado ce qu'hier vous lui accordiez ! Cette règle de l'aléatoire n'est guère profitable : l'ado ne sait jamais sur quel pied danser. Comme, par ailleurs, les autres figures parentales ne sont guère plus cohérentes, l'ado finit par ne plus savoir clairement ce qu'est l'autorité. Qui l'incarne le mieux : ce prof qui joue les copains, mais devient sévère dès qu'on ne marche pas dans son jeu ? Ce parent un peu girouette qui a dit « oui » pour un ciné, hier, mais « non » pour le shopping de demain ? Cet entraîneur qui pointe ce qui ne va pas, mais félicite quand il le faut ? L'ado sait reconnaître autour de lui ces adultes qui n'ont pas besoin d'être gratifiés ou aimés pour tenir leur rôle. Ils sont là pour être respectés... et l'assument. Le jeune ne s'y trompe pas : c'est vers ceux-là qu'il se tourne en cas de besoin.

L'essentiel

- Les parents, pleins de bonnes intentions, veulent voir leur ado épanoui. D'où la difficulté de certains à frustrer et dire non.

- Certains estiment que l'amour se mesure à la quantité de choses qu'on accorde à son ado.

- Un parent qui résiste et fait preuve d'autorité, c'est pénible, ringard... mais rassurant.

- On n'a pas besoin à tout prix d'être aimé ou gratifié par un ado, mais d'être respecté par lui. Et de se montrer fiable.

Chapitre 8
« Viens ici, faut qu'on discute »

L'ado qui grandit oblige ses parents à réajuster sans cesse le règlement familial. Alors, on accepte de négocier, mais pas à n'importe quel prix, et pas sur n'importe quoi. Avant que le ton monte avec l'ado, les parents auront pris soin d'établir les règles qui sont immuables et celles qu'on négocie ensemble. Quitte à trouver un médiateur en cas de dérapage trop important.

Dialoguer, mais pas tout le temps !

Jamais autant qu'aujourd'hui, le dialogue n'a été à la mode. Pas une émission de télé qui ne présente un débat, dans lequel la parole des uns vaut toujours celle des autres. « Ça se discute », comme dirait l'une des émissions phares de la télévision du début du XXIe siècle ! Cette idéalisation du dialogue a pris racine dans une société qui a confondu autorité et autoritarisme. À force de rejeter le second terme, le premier a fini par avoir si mauvaise presse que personne n'ose plus faire preuve d'autorité. Et l'on arrive à un modèle éducatif où le vote en assemblée générale remplace la décision parentale. Mais en mettant l'autorité hors jeu, on oublie les vertus de la limite. Quand elle n'est pas fixée arbitrairement, il y a un moment où ça suffit de discuter.

Faites l'expérience. Vous négociez avec votre ado ; il voudrait sortir demain, la soirée promet d'être géniale. Retour annoncé : 4 heures du matin... Et on est à dix jours du bac français. Pour vous, vingt minutes plus tard, le débat est clos. Ce n'est pas pour affirmer votre supériorité ni pour brimer votre ado par pur sadisme, mais cette soirée ne vous paraît pas l'idée du siècle : « Je te dis non, parce je me soucie de toi, y compris quand tu n'es pas d'accord avec moi ou que tu ne comprends pas mes arguments. » Et tant pis s'il part en marmonnant des choses inaudibles !

La difficulté des adultes d'aujourd'hui, c'est qu'en utilisant d'autres arguments que leurs parents dont le message se résumait à : « C'est comme ça et pas autrement », ils espèrent convaincre les ados du bien-fondé de leurs positions. Mais attendre l'adhésion d'un ado est assez illusoire : vous le voyez vraiment répondre : « Tu as raison, ce n'est pas raisonnable, je ne suis pas prêt pour le bac français » ? Traumatisés par les discours de leurs géniteurs qui se terminaient par un coup de poing sur la table (quand c'était le cas !), les parents actuels refusent d'utiliser les mêmes méthodes. S'entendre dire : « C'est comme ça ! » serait un aveu d'échec dans leur système basé sur le dialogue… Si bien qu'ils repoussent le moment de clore le débat, pour voir si leur idée sera – enfin – adoptée par l'ado, leur assurant la tranquillité d'esprit attendue.

Dialoguer, mais pas sur tout

Combien de parents se lancent dans de vaines discussions à propos du cannabis, de l'absentéisme scolaire, des sorties ? En fait, même après deux heures de débat, vous ne trouverez jamais que sécher les cours de physique car le prof est confus, c'est courageux ; ou que fumer un pétard avant une dissert de philo, cela ouvre l'esprit. Quand on a une idée arrêtée, ce n'est pas la peine d'épiloguer.
En fait, le parent ne cherche pas vraiment à convaincre l'ado, mais plutôt à maintenir son image de bon parent

qu'il s'était fixée comme objectif. Le fait de redevenir un parent qui dit « non » et ne se justifie pas pendant des heures ne doit pas ébranler l'adulte. C'est précisément cela qui est positif : devenir un parent très ordinaire. L'ado s'affirmera plus facilement face à un adulte qui est descendu de son piédestal. Et les limites fixées par ce parent moyen restent un excellent rempart contre l'angoisse. Une valeur sûre, quoi qu'en dise l'ado.

À la table des négociations

Avant de se lancer dans une discussion avec son ado, on devrait prendre soin de régler quelques menus détails. Cela fait « opération commando » ? Autant prendre ses précautions pour que tout le monde sorte la tête haute de la discussion !

⇒ Le moment de la négociation

Souvent, c'est l'ado qui donne le tempo et décide du moment où l'on se parle. Parce qu'il vous alpague à 20 h 15, au moment où vous enfilez votre manteau pour dîner chez des amis, ou à 23 h 30, quand vous vous brossez les dents et qu'il passe une tête dans la salle de bains pour dire : « Au fait, vous vous souvenez que je pars en week-end demain soir ? » Vous ne vous souvenez de rien, vous avez faim (ou sommeil...) et n'avez pas envie de vous lancer dans un débat qui s'annonce animé ! Pourtant, avec un ado, vous vous retrouverez plus d'une fois, debout entre deux portes, à trancher dans le vif sur des sujets qui mériteraient plus d'attention.

C'est inconfortable, non ? D'où l'importance d'établir les règles du jeu préalables. Comme avec la justice, en somme : il y a des lois qu'on doit connaître ; et la jurisprudence. En dehors de cas urgents que vous reconnaîtrez d'emblée (viol, racket, pulsion suicidaire, etc.), vous avez le droit de répondre : « Dis-m'en deux mots ce soir ; et on en reparle demain matin quand on aura plus de temps. » Et tant pis s'il faut qu'il donne sa réponse ce soir, que les réservations pour le concert du lendemain sont presque closes. Et qu'il sera le seul bouffon à ne pas s'y rendre si vous traînez à répondre.

Tout lâcher (le dîner, le lit douillet) pour se mettre à disposition de l'ado renforcerait son sentiment de toute-puissance : ça ne lui déplaît pas, d'être si important pour ses parents. Mais, en même temps, ce pouvoir qu'il exerce le met mal à l'aise. Il préfère de loin que vous ne renonciez pas à voir du monde, que vous continuiez à vivre votre vie d'adulte : il ne se sent alors pas coupable de se détacher de vous puisqu'il voit bien que vous vous débrouillez sans lui !

➾ Le lieu de la négociation

On n'est pas obligé de faire tribunal familial pour lancer le débat ! D'ailleurs, les ados arrivent à un âge où le « 1 contre 1 » est préférable à la version grand jury, la famille rassemblée d'un côté de la table, l'ado de l'autre. Et d'ailleurs, tant pis si l'ado ne sort pas réjoui de cette discussion : l'important sera d'avoir formulé ce qu'on avait à dire. Le message est entendu, et votre ado, même s'il ne l'avouera jamais, comprend pourquoi vous tenez à cette position éducative. Dans cette histoire, le plus dur pour le parent n'est pas de dire les choses mais d'accepter de voir sa cote de popularité dégringoler dans les sondages de son ado !

➾ Les mots pour le dire

Vous jureriez qu'il se fiche comme de sa première paire de Van's de votre avis ? Détrompez-vous. Il est au contraire hypersensible à toute remarque émanant de vous. Cette hypersensibilité obligera à prendre quelques gants avant de lui répondre. Dans le feu de la discussion, on fait fréquemment une confusion entre les faits et la personne. Par exemple, il vous détaille son projet de week-end : un concert dans le Var (500 km aller) avec un groupe de potes dont vous découvrez l'existence. Vous trouvez cela idiot ; choisissez une formulation qui parle du projet… et non du porteur de projet. Autrement dit : « Je comprends ton envie, mais je ne suis pas d'accord. Ces copains, je ne les connais pas. Et faire autant de kilomètres pour un concert, ça me semble excessif », plutôt que : « Non mais, tu rêves ou quoi, tu n'es pas sérieux ? » Plus que tout, l'ado a besoin d'être respecté(e) dans ses choix naissants. Les mots blessants qui attaquent ses idées (même farfelues), sa coiffure, son allure ou ses copains sont donc à proscrire.

➾ Une pointe d'humour

Utilisé avec modération, l'humour peut être très utile, pour dédramatiser un sujet délicat, ou aider à prendre du recul sur d'autres. C'est alors un jeu entre parents et ado, qui décident ensemble de se moquer de ce dont ils parlent. Mais parfois, l'ironie n'est pas loin et se cache sous une pique parentale. C'est tentant, mais c'est un peu facile, surtout face à une cible de choix comme l'ado. Hypersensible comme il l'est, vous avez vite fait de le toucher au cœur…

⇒ L'échelle des menaces

Il y a des familles où la surenchère s'invite à table chaque jour. « Si tu continues à me parler sur ce ton, je te mets en pension… Je donne ton ordinateur à Emmaüs… Je te prive de sorties pendant le premier semestre… Je revends ton scooter demain !… » Personne n'y croit, pas plus l'adulte emporté par sa colère que l'ado, qui compte le nombre de fois où il a déjà entendu ce discours. Personne n'est dupe, mais l'adulte y perd sa crédibilité… pour les fois prochaines.

Préférez de petites menaces réalistes à de grandes intenables. Vous manquez d'idées ? En voici quelques-unes : supprimez son jeu vidéo préféré, son émission favorite, la sortie prévue samedi avec ses amis, la virée shopping que vous projetiez ce week-end. Le tout est de trouver quelque chose qui prive l'ado et que vous êtes sûrs de pouvoir suspendre ou supprimer pour un temps. Excluez du débat l'argent de poche, qui est une « zone de droit » de l'enfant ; ainsi que ses activités extrascolaires. Ce serait dommage qu'il/elle se trouve exclu(e) de la dynamique de son club de volley, de trompette ou de danse, à cause d'une dispute en famille.

⇾ Négocier, le bon dosage

Que vous l'ayez ou non vu venir, votre enfant a grandi et son espace de liberté doit forcément s'élargir. Les «points d'appui» de votre éducation doivent s'adapter à cette nouvelle donne. Mais il n'est pas toujours facile de savoir sur quoi lâcher et sur quoi tenir bon, surtout face à un jeune qui semble se réjouir de mettre la pagaille en famille. En fait, c'est un terrible malentendu… Il ne cherche pas à provoquer pour le plaisir de vous empoisonner, il expérimente juste sa manière d'être avec les autres. Pour l'instant, c'est sûr, cela manque de nuance. Ainsi, il s'énerve, parce que vous refusez qu'il sorte deux soirs de suite : «Vous me pourrissez la vie!» brame-t-il. Vous voilà remontés comme une pendule : la prochaine fois qu'il vous demandera quoi que ce soit, ce sera non, ça lui fera les pieds!

L'ennui, c'est qu'à force de se laisser emporter par des «non» sans raison valable (autre que la colère…), on se sent obligés de dire «oui» de temps en temps. Et on se retrouve à céder sur des points qui, eux, mériteraient qu'on résiste!

Le bilan à froid

Pour ne pas se retrouver acculé à dire «oui» et «non» sans y avoir réfléchi, le meilleur moyen serait de discuter de tout cela, à deux, hors de toute urgence éducative. Si c'est plus clair pour vous, prenez un papier et un crayon et faites trois colonnes : «Ça ne se discute pas», «On en discute», «Sans opinion». Et classez les thèmes chers à l'ado (et à vous) selon qu'ils sont importants ou accessoires dans votre famille. Voici en vrac quelques sujets. À vous de compléter la liste selon votre culture familiale : la contraception, les sorties, la cigarette, les horaires, les fréquentations, les vacances en famille (et sans la famille), l'assiduité scolaire, les tâches du quotidien, dormir à la maison avec le petit copain, la petite copine, les repas, l'hygiène de soi, l'apparence, la chambre, le sommeil, les engins à deux roues, l'argent de poche, le cannabis, les concerts, le piercing, le sport, l'orientation scolaire, etc.

Ça se discute… ou non?

Dans chaque famille, le tableau est différent : chez certaines, «Ça ne se discute pas» compte 3 malheureux

points, alors que la colonne «On en discute» en comporte 20. Pour d'autres, rien ne se discute ; ou tout est «Sans opinion». Cette mise à plat préalable facilitera grandement les discussions futures : vous arrivez à la table des négociations en sachant jusqu'où l'autre parent est prêt à céder ; et pas plus loin. Au passage, vous découvrirez peut-être que vous n'êtes pas du tout d'accord entre vous, par exemple sur l'autorisation de coucher avec son amoureux(se) sous le toit familial. Cela vous laisse le temps de régler ça entre vous avant que le sujet n'arrive sur le tapis persan familial ! Enfin, avec ce tableau limpide, vous ne vous laisserez pas embobiner par un ado qui déploie toute sa force de conviction pour vous faire plier. Et en prime, vous n'irez pas sur le terrain (glissant) qui voudrait faire croire que poser un interdit signifie ne plus aimer son ado.
Enfin, cela tombe sous le sens, mais les règles de la colonne «Ça ne se discute pas» reprennent ce que la loi interdit déjà : l'usage du cannabis est défendu ; le port du casque obligatoire pour un deux-roues ; l'assiduité en classe n'est pas facultative. Et les insultes et la violence sont proscrites. Ce noyau dur-là, personne n'y touchera jamais. Et on le complète de mesures plus personnelles, adaptées au mode de vie de la famille.

Parler... pour le plaisir

Dans ce bilan, la colonne «Sans opinion» pourrait s'appeler «Je m'en moque». Difficile de répertorier tous les sujets anodins de la vie quotidienne, pensez-vous? Mais justement! Cela vous permettra de faire le point sur ces infimes détails de la vie courante, d'abord seul, puis en couple. Vous verrez sur quoi vous tombez d'accord avec votre conjoint, et sur quoi vous n'avez finalement pas d'avis. Ce rapide bilan vous aidera à être plus souples avec votre ado, et à lâcher des autorisations sur quantité de microévénements dont vous vous moquez éperdument. Et c'est ainsi que l'ado débarque dans la cuisine en vous demandant : «Je révise encore une heure ou je m'arrête maintenant?», «Tu préfères le pantalon vert ou le marron?» ou «Je vais chez Martin demain ou dimanche?» Toutes ces questions ne sont qu'un prétexte pour alimenter la relation entre l'ado et son parent. Comme nous, eux aussi se fichent pas mal de savoir s'ils verront Martin samedi ou dimanche. Mais ce lien, c'est un peu comme le câlin du soir, on aime le faire durer... Et ces minidiscussions sur des choses futiles rassurent l'ado. Il se demande parfois ce qu'il restera de la relation s'il perd sa place d'enfant, et si nous lui conserverons notre amour quand il sera devenu «grand». Enfin, ces discussions ont l'avantage d'apaiser tout le monde, dans une période qui déborde de sujets conflictuels !

Une position parentale prévisible

Mais bon nombre de discussions avec un ado concernent des choses plus essentielles. Comment se forge-t-on son opinion, sur ces sujets « sensibles » ? Avouons-le, nous avons parfois tendance à donner notre feu vert ou notre feu rouge selon l'humeur du moment. Si nos ados savaient que l'autorisation de rentrer à 2 heures du matin ou de partir en vacances avec son amoureux(se) tenait à des choses aussi étonnantes que la météo du jour ou l'humeur de notre patron, ils seraient verts de rage ! Pour contrer cette fâcheuse habitude, le bilan à froid est un outil précieux : plus question de laisser les réponses éducatives dépendre exclusivement de l'aléatoire. Avec des règles du jeu établies depuis longtemps, l'ado sait à quoi s'en tenir. Au pire, il sera frustré qu'on lui réponde non. Mais il n'aura pas de sentiment d'injustice. Par ailleurs, ces règles clairement posées invitent l'ado à l'honnêteté, alors qu'en laissant l'aléatoire maître du jeu, on lui donnerait plutôt le goût de la dissimulation. Par exemple, il fumera en cachette par peur de vos réactions ; ou il dira qu'il dort chez Martin, que vous connaissez depuis le CP, plutôt que d'avouer qu'il va à un concert de hip-hop.

Un « oui » sous condition

Mais ce n'est pas parce que vous aviez dit « oui » sur le scooter ou la sortie de samedi que vous perdez tous vos droits. On est d'accord pour élargir les droits de l'ado, mais c'est comme un contrat : il y a des devoirs des deux côtés. Appelons-le un CPE (contrat de première expérience) : vous accordez à l'ado ce qu'il désire, vous fixez les règles qui vont avec et vous laissez mijoter. S'il s'en tient à ce qui était fixé (le scooter, d'accord, mais avec un casque, et pas pour rouler à trois dessus), alors, l'autorisation est contractualisée.

Ce qui est valable pour le scooter l'est aussi avec le reste. Prenez l'argent de poche : vous lui donnez par exemple 45 euros par mois, qu'il se débrouille pour utiliser pour ses loisirs et quelques petits extra : BD, T-shirts, cafés. Si, à la fin du mois, tout est parti en cigarettes et en cannabis (que vous venez de découvrir sur son lit), vous aurez le « droit » – et même le devoir ! – de diminuer l'argent de poche du mois prochain.

Votre ado est non fumeur ? Voilà un exemple universel : l'heure du coucher. Depuis peu, votre ado vous répond qu'il est assez grand pour décider à quelle heure il a sommeil. Il n'a pas tort : nous avons tous tendance à plaquer nos désirs et nos besoins sur nos enfants. Souvenez-vous, c'est le « syndrome de la petite laine » dont vous avez peut-être souffert avec vos jeunes enfants (« Mets une petite laine, Benjamin, j'ai froid ! »). Aujourd'hui, on dira plutôt en bâillant : « Benjamin, va te coucher, j'ai sommeil. » Lui, peut-être pas. Mais vous, certainement !
Parce que vous êtes habile, vous laisserez votre ado décider seul de son heure de coucher. À une condition : « Tu te couches à l'heure qui te va. Mais si, demain, tu mets 3/4 d'heure à te réveiller, que tu pars en retard au lycée et que tu bâilles à t'en décrocher la mâchoire au dîner, on révise l'horaire. » L'autre solution est valable en vacances : il se couche à l'heure qu'il veut… et se lève quand il veut. Grâce à ce « test », vous établissez sur une semaine le nombre d'heures de sommeil moyen qu'il lui faut. Là, c'est son corps qui parle pour lui : l'ado ne pourra pas vous reprocher de ne pas respecter ses besoins physiologiques ! Vous, vous tirerez les conclusions qui s'imposent : il a besoin de sept (huit, neuf) heures de sommeil par nuit. Il n'est pas d'accord ? Vous pouvez lui

rappeler qu'à son âge, on n'est pas toujours bien placé pour savoir ce qui est bon pour soi.

Trouver un « ONU » familial...

Malgré toutes vos bonnes résolutions, vous voilà embarqués dans une dispute jusqu'à trois heures du matin ? Pour des bricoles, chaque dîner finit en guerre de tranchées ? Un jour, c'est la goutte de trop : vous explosez. Quand vous êtes un peu dépassés ou beaucoup, sortez votre joker : le tiers. Selon les familles, c'est la grand-mère, un oncle, un parrain, le meilleur copain des parents, un voisin : n'importe qui pourvu qu'il soit bienveillant, sans parti pris et apprécié des deux « opposants ». Cette personne, impliquée différemment de vous auprès de l'ado, peut sauver la situation. Car cet « ONU » familial proposera une issue honorable pour les deux parties, trop engluées dans le conflit pour trouver seules la sortie de secours. Ce tiers va écouter tout le monde (pas forcément en même temps), reformuler les points de vue, servir de porte-parole et présenter autrement ce qu'on se disait sur tous les tons. Ce travail de médiation sert à la fois de témoin des deux parties et de fabricant de solutions.

Dans les cas les plus graves (un ado qui fugue, qui vole, etc.), il y a un médiateur prévu par la loi : le juge des enfants. Ou le juge aux affaires familiales quand il existe des conflits après un divorce, notamment sur la garde des enfants. Mais le recours à ces médiateurs officiels n'est pas une obligation ; la plupart du temps, on a ce qu'il faut autour de soi pour trouver de bons interlocuteurs.

Un service minimum de l'ado ?

Peut-on instaurer un service minimum en deçà duquel l'ado n'a pas le droit de descendre ? Bien sûr. Il sera différent d'une famille à l'autre, puisque composé des préceptes de la colonne « Ça ne se discute pas ». L'ado doit par exemple dire où il va quand il sort, ranger sa chambre une fois par semaine, faire la cuisine et étendre le linge une fois par quinzaine, etc. Cette acceptation des règles de vie en famille, chacun doit s'y tenir, parents compris. Et ce quelle que soit la forme, orale ou écrite, qu'a prise cet engagement.
Chaque fin d'année scolaire, on fait le bilan de ce qui figure dans la redoutée colonne « Ça ne se discute pas ». Tout le monde en est content ? On repart sur le même programme. Sinon, on aménage… autant qu'on peut.

Je m'en fiche, j'irai quand même !

Ce programme familial n'est pas très différent du règlement intérieur du lycée. Sauf qu'ici, la seule chose qui marche, c'est le sur mesure. Chaque famille doit inventer son propre règlement, puisque personne n'a la même façon de vivre que son voisin de palier. C'est cela, cette loi « cousue main », qui marchera dans cette famille-là. Avec cet ado-là.

L'essentiel

- Avec son ado, on discute, mais pas tout le temps et pas sur tout. Et ne cherchez pas à convaincre l'ado que vous avez raison : c'est peine perdue...

- Une discussion avec un ado (pas toujours de bonne foi) se prépare : où, quand, comment, en présence de qui. Ne laissez pas le hasard décider pour vous de la tournure que prendra le débat.

- Il y a trois types de règles en famille : celles qu'on ne discute pas ; celles qu'on peut négocier ; et celles dont vous vous moquez un peu. Chaque famille a son propre règlement intérieur, fait sur mesure.

▪ Vos positions éducatives ne sortent pas d'un chapeau. Votre ado les connaît et les trouve cohérentes. Même s'il est contre.

▪ Quand, malgré tout, on est en guerre ouverte avec son ado, on cherche un « ONU familial ». Ami, frère, voisin : il calmera les deux parties et aidera à trouver des solutions.

Chapitre 9
« Il ne nous cacherait pas quelque chose ? »

Il est mal dans sa peau, devient incontrôlable ; ou parle de suicide, ne sort jamais. Et si les provocations de l'ado cachaient autre chose que son seul désir de paraître grand(e) ? Si ce comportement masquait une souffrance ?

« Il / Elle se trouve affreux(se) avec son acné et ses kilos en trop »

L'ado est à vif, toujours prêt(e) à bondir et à hurler ? S'il osait, il dirait : « J'en veux à la terre entière et principalement à mes parents de m'avoir fait aussi moche et repoussant. » D'abord, on évite de lui répondre : « Que d'histoires pour trois boutons sur le menton ! (deux kilos de trop / des cuisses de grenouille / des oreilles à la Dumbo). » Si votre ado se trouve trop laid ou trop gros, ce n'est pas en lui disant qu'il fait une montagne de ses problèmes que vous l'aiderez à avancer. Ensemble, vous essaierez de trouver une solution à ces problèmes de peau, de poids, de taille. Direction le diététicien, le dermato, le gynéco ou le médecin de famille. Et, si l'ado le souhaite, vous l'accompagnez jusqu'à la salle d'attente.

« Il / Elle est mutique »

Certains ados font trop de bruit ; d'autres n'en font pas assez, pourrait-on dire ! Ces spécialistes de la guerre froide sont fermés à double tour. Cette hostilité rentrée est moins bruyante qu'une porte qui claque, mais pas plus reposante. Les parents se demandent jusqu'où peut aller la colère froide : comment s'exprimera-t-elle quand elle sortira ? L'ado irait-il jusqu'à s'abîmer ? Cet ado se sert du silence comme d'une arme de dissuasion : à peine a-t-il commencé sa grève de la parole que, déjà, ses parents se font un sang d'encre, craignant ce qu'il pourrait faire. Au final, ce silence devient presque un langage : il voulait attirer l'attention ? Mission accomplie.
Tout cela malmène le parent, qui réagit émotionnellement, parfois de façon très inattendue. On rentre dans une colère noire alors qu'on est calme d'ordinaire ; on

s'effondre en larmes alors qu'on donne l'image d'un parent solide... C'est comme si l'ado, par ses réactions, forçait l'adulte à révéler une face cachée de sa personnalité. Cela surprend tout le monde, le parent en premier, stupéfait de découvrir autant de colère (de larmes, de violence) en lui.

« Il / Elle est perdu(e) à l'école ; ne sait plus ce qu'il / elle veut »

À 17 ans, c'est difficile de savoir ce qu'on souhaite pour les trente années de travail à venir. Et ce n'est pas évident d'évaluer ce pour quoi on est bon, ce qu'on ne saura jamais bien faire et d'en déduire l'orientation qui conviendrait le mieux. Pour d'autres ados, c'est le problème inverse : l'orientation professionnelle proposée (imposée ?) les chagrine. D'autres, enfin, voient avec angoisse leurs notes dégringoler ; ou subissent des vexations permanentes de la part d'un prof. Face à ce malaise, l'ado est perdu et ne sait pas ce qu'il vaut, ni vers quel avenir se diriger. Un rendez-vous avec un tiers serait profitable : un point sur les mois écoulés pourrait être fait avec un professeur que l'ado aime bien. Et un conseiller d'orientation évaluera l'ado et l'aidera à valider ses orientations ou à choisir une voie plus appropriée à ses capacités.

« Il / Elle se moque de nous ! »

Sourire (crispant) aux lèvres, votre ado affiche clairement le message : « Je me fous complètement de ce que vous dites. » C'est comme un pied de nez permanent envoyé aux parents, montrant à quel point les positions éducatives de ses « vieux » n'ont aucun impact sur lui. S'il se moque ainsi de ses parents, c'est soit pour jouer avec leurs nerfs, soit pour souligner les carences des positions parentales. À vous d'analyser la situation. Si rien n'est bancal dans votre système éducatif, alors rappelez le cadre, gentiment mais fermement. Et ne tombez pas dans le panneau qu'il vous tend : monter sur vos grands chevaux. Évidemment, ça vous coûte. L'ado se moque de vous ? Vous voudriez réagir en miroir, par l'ironie. Avec une seule envie : clouer le bec de cet insolent. Mais ne rentrez pas en guerre, ça lui ferait trop plaisir ! Et d'ailleurs, ce n'est peut-être pas son désir profond. L'ado pourrait souhaiter que son parent élève un peu le débat.

«C'est la guerre à la maison»

L'ado ne parle pas, il hurle, tape du poing sur la table ou contre les portes. Pas d'ambiguïté possible : il/elle est fâché(e)! Pour se rassurer, on peut se dire qu'un ado agressif est un «moindre mal». Cette agressivité qui s'extériorise, l'ado ne la retourne pas contre lui-même. Elle sert aux parents de sonnette d'alarme : quelque chose grippe dans le système. Si les parents malmenés ont peur d'être, à leur tour, débordés par la colère, qu'ils prennent du champ : «On fait une pause pour réfléchir : on va au resto, ça nous changera les idées.» Ce type de réaction montre qu'on peut prendre le temps de la réflexion et du retour au calme (l'ado peut s'en inspirer...). Et ce break laisse le temps aux parents de trouver une autre solution que le claquement de portes.
Quand l'ado dépasse vraiment les bornes, faire appel à un tiers (famille, ami, voire professionnel si besoin) peut éclairer la situation. «Ce n'est pas possible que vous acceptiez qu'il vous parle comme ça», dira peut-être celui-ci. C'est parfois le feu vert que vous attendiez pour décider qu'en effet, vous en aviez assez de la toute-puissance de cet ado. Il y a du revissage de boulons éducatifs dans l'air...

Mais quelquefois, quand la situation est bancale depuis longtemps, cette solution ne suffit pas. Face à un conflit qui s'éternise, on peut se laisser la possibilité de prendre l'air : l'internat sera peut-être, pour un temps, la solution idéale. La distance entre l'ado et les adultes apaisera la relation. Et les retrouvailles, le week-end, seront plus agréables pour tout le monde.

« Il n'a pas envie de sortir / de partir en vacances »

Quelle que soit la forme (provocation, agressivité, mutisme, dépression) que prend cette crise, l'ado est mal dans sa peau et se réfugie dans sa tanière. On peut lui suggérer une consultation chez un psy. Méfiez-vous des apparences trompeuses : un comportement en cache parfois un autre ! L'agressivité dirigée contre son parent peut se retourner contre lui-même, sous forme d'autosabotage (scolaire, par exemple). Comme si les sentiments (colère, dépression) qu'il provoque chez nous étaient à l'image de ce qu'il ressent lui-même.

«Il est racketté au lycée»

En ce moment, l'ado est mal à l'aise, refuse d'aller au collège, s'enferme dans sa chambre. Et s'il était victime de racket? Muré dans ce qu'il n'ose pas dire, l'ado s'enfonce dans un système dont il aura du mal à sortir tout seul. Ce serait plus simple s'il disait : «Je m'en veux tellement de ce qui m'arrive que je vous en veux de n'avoir rien vu.» C'est aux parents de lancer une perche pour l'aider à parler car il a plus que jamais besoin d'un accompagnement parental. Votre soutien actif est réquisitionné! Si votre doute se confirme, parlez-en au lycée pour tirer au clair cette histoire de racket. Et n'hésitez pas à porter plainte au commissariat : cette affaire ne doit jamais être prise à la légère. Elle a déjà fait suffisamment de mal à votre ado.

«Je suis seul(e) avec mon ado»

Face à son ado, le parent solo n'est renvoyé qu'à lui-même. Il ne peut pas en vouloir à son conjoint, comme le font certains parents («Tes idées laxistes, voilà où ça nous mène!»). Solo, il l'est aussi face à ses doutes. Par exemple, une mère seule avec son fils ado peut redouter l'affrontement physique, la trop grande proximité, et personne ne pourra faire tiers pour l'aider à trouver des réponses aux questions qu'elle se pose. Comme il le ferait face au couple parental, l'ado pointe du doigt les failles du système mis en place par le parent seul. Et en même temps, il n'est pas satisfait de sa puissance destructive. Il préférerait que quelqu'un le contre, ce qui le rassurerait : la partie est presque trop facile contre ce parent isolé et pas sûr de faire ce qu'il faut. C'est un cercle vicieux. Le parent s'en veut de ne pas arriver à se débrouiller. Et l'ado s'en veut de mettre à mal son parent. Il sera utile d'ouvrir la porte à un tiers : famille, ami, collègue. Et de préférence un tiers de l'autre sexe que le parent seul.

« Il / Elle vit dans une famille recomposée »

Avec une famille recomposée sous la main, l'ado a trouvé un terrain de jeux idéal pour s'adonner à un de ses loisirs favoris : semer la zizanie. Ça y est, la bagarre éclate entre l'ado et le beau-père (la belle-mère)… Qui en profite pour lancer une pique contre le père (la mère) de l'ado. Que ce beau-parent intervienne trop ou pas assez, l'ado trouvera toujours un bon prétexte

pour téléphoner au parent avec lequel il/elle ne vit pas et s'en plaindre. Tout cela réactive vigoureusement le conflit parental, qui venait tout juste de s'assoupir. Et c'est reparti pour des semaines de tension ; une manière de refaire le couple parental, même en négatif !
Ce sera aux adultes présents de ne pas rentrer dans ce jeu conflictuel : le parent n'a pas à devenir l'arbitre du match qui se joue entre son amoureux(se) et son propre enfant. Et s'il le peut, le beau-parent pourra laisser le parent en première ligne et éviter de jeter de l'huile sur le feu en intervenant sur des bricoles.

« On ne le reconnaît plus… »

Ces temps-ci, il change. Lui qui était plutôt bavard devient renfermé. Il s'enferre dans des prises de position sans queue ni tête. Il est sombre, jamais content de rien. Vraiment, ce n'est plus le même ! Que se passe-t-il : se laisse-t-il influencer par son groupe ? Se trouve-t-il isolé ? Se rapproche-t-il d'une autre bande ? Mystère. Et ce n'est pas le moment de lui demander où il en est : cela fait des mois qu'il ne dit rien de sa vie. Avant de conclure quoi que ce soit, il faudrait analyser la situation sous deux angles :

Je m'en fiche, j'irai quand même !

• **A-t-il toujours été comme ça ?** Enfant, était-il déjà boudeur, coléreux, introverti ? Ou y a-t-il eu un virage, qu'on pourrait presque dater ? En cherchant bien, on retrouve parfois l'événement déclenchant : « Depuis qu'on a déménagé et qu'il a changé de lycée, ça ne tourne pas rond. » Si ce nouveau comportement est récent, il y a fort à parier qu'il est lié à des changements extérieurs, et que tout reviendra dans l'ordre d'ici peu.

Bien sûr, ces changements n'ont pas le même sens à 12 ans qu'à 17 ans. Quand l'ado change à 17 ans, c'est un peu comme s'il préparait son départ. Il est question de son autonomisation vis-à-vis de ses géniteurs : il se demande comment s'affirmer face à eux et soutenir les différences de points de vue. Ses changements peuvent aussi être liés à un chagrin d'amour, un racket ou un problème avec un prof. Tout cela se potentialise quand il y a une fragilité intérieure de l'ado, naturelle ou transitoire. Et si, en plus, il est couvert d'acné, il y a un problème à la maison (divorce, maladie, décès d'un proche, chômage d'un des parents, déménagement), il réagira d'autant plus fort, même s'il déclare à qui veut l'entendre : « Je m'en fous, de ces histoires. »

• **Les parents sont-ils les seuls à noter ces changements ?** Si les parents des copains, les profs ou la famille partagent leur point de vue, alors il faudra s'en inquiéter. Si l'ado accepte d'en parler, on lui propose de déballer son sac. Sinon, on peut voir auprès du lycée si un élément explique ce passage à vide. En revanche, quand tout le monde trouve qu'il va bien, les parents sont en colère contre l'ado («Il n'y a qu'avec nous qu'il est odieux!»). C'est alors le signe qu'il traverse une crise passagère. Son humeur sombre ou ses explosions de colère sont un exutoire qu'il déverse sur les personnes qu'il estime assez solides pour résister à l'assaut. Les parents se sentent attaqués, mais ils ne devraient pas. Les rebuffades de l'ado seraient presque l'inverse : une perche tendue à ceux qui lui sont chers, qui signifie : «Je ne suis pas bien, aidez-moi.» Cela cache souvent des questions existentielles, une frustration ou un problème dont on a du mal à parler. Pour autant, on peut quand même lui demander de baisser le ton. Même amoureux éconduit ou tracassé par son acné, il y a des limites aux formes d'expression que vous acceptez.

«On en est venus aux mains...»

Hormis les cas de parents qui dérapent régulièrement (parce qu'ils sont alcooliques et/ou maltraitants, par exemple), il existe des parents qui «débordent» d'avoir

trop longtemps contenu leurs angoisses. Et à la suite d'une dispute violente avec l'ado, un coup part, puis un autre. Ou alors des paroles blessantes, des secrets de famille sortent brutalement. Ensuite ? On regrette, on s'en veut. Et, de nouveau, le parent violent ravale ce qui le submerge. Jusqu'au jour où, de nouveau, il lève la main sur sa fille ou son fils.
« Cet enfant me pousse à bout ! » dit-il. C'est vrai… et faux. C'est faux, parce que c'est tout de même le parent violent qui passe à l'acte. Mais ce qu'il dit est en partie vrai : la violence de ce parent reflète celle de l'ado. Le parent fait éponge, mais il est perdu par cette violence qui ne lui appartient pas… et qu'il décharge sur l'ado par une autre forme de violence. Dans cette douloureuse histoire, qui touche des hommes mais pas seulement, tout le monde est tour à tour agresseur et victime. Le mieux que le parent puisse faire, c'est d'en parler rapidement à une structure d'aide comme Inter Service Parents (*voir* Contacts utiles) qui les aidera à réfléchir aux ressources qu'il peut mobiliser pour sortir de ce cercle vicieux.

« Il / Elle menace de se suicider »

Peu importe qu'il bluffe ou non : dans l'immédiat, il faut prendre ce message au sérieux. À partir du moment où l'ado parle du suicide ou de sa mort, les parents s'en soucient et disent : « On ne veut pas de ça pour toi, on ne te laissera pas faire n'importe quoi, y compris par des méthodes qui vont peut-être te déplaire, comme l'interdiction de sortir. » Dans un deuxième temps, il faut vérifier s'il s'agit simplement d'une provocation ou si cette déclaration cache autre chose. Par exemple, a-t-on remarqué des changements dans sa façon de vivre : s'isole-t-il ? Fume-t-il de plus en plus ? Revient-il ivre ? A-t-il changé de groupe d'amis ? Si c'est le cas, les parents pourront demander à un adulte extérieur (un psy, notamment) ce qu'il pense de l'ado. Ce regard extérieur, libéré des enjeux éducatifs ou affectifs, sera précieux.

L'essentiel

Un ado qui hurle est épuisant, mais peut-être moins qu'un ado mutique : au moins, il extériorise son agressivité. Et on sait ce qu'il pense.

Je m'en fiche, j'irai quand même !

L'ado change et se renferme ? Peut-être traverse-t-il une crise passagère. Mais il faudra s'assurer que la crise n'est pas plus profonde.

L'ado vivant avec un parent seul ou de nouveau en couple cherche les limites. Il est rassuré que le parent résiste à ses assauts.

Quand tout dérape, il arrive que des coups partent, qu'on dise des choses terribles ou que l'ado parle de mourir. Il est urgent de trouver une aide extérieure.

Racketté, mal dans sa peau, désorienté scolairement : tous ces problèmes doivent être pris au sérieux. Des professionnels pourront épauler le parent.

Chapitre 10
« Il l'a fait quand même… On fait quoi ? »

Votre ado a dépassé les bornes : il est rentré à 4 heures du matin, il a volé, elle a injurié un prof. Une transgression, ça se paie, même quand on est mineur. Chaque parent trouvera la sanction qui aura un sens pour son ado. Et, parfois, quand c'est plus grave qu'une simple infraction, il faudra accepter le coup de pouce de professionnels ou du juge des enfants.

Les petits dérapages de l'ado

Elle a intercepté dans la boîte aux lettres les mots du lycée concernant ses absences injustifiées ; il a fait le mur ; elle circule en scooter sans son casque, etc. Votre ado dépasse les bornes ? Il est temps de réagir…

⇾ Sa version des faits

Elle est rentrée de soirée deux heures après l'heure convenue ? Elle vous dit qu'elle a préféré ne pas se faire raccompagner en voiture par son copain de classe qui semblait éméché. Vous ne pouvez pas lui en vouloir d'avoir été prudente... Si c'est sa première incartade, accordons-lui le bénéfice du doute ! Il a tabassé un copain de classe ? C'est puni par la loi. Mais écoutez quand même sa version : il est possible qu'il se soit bastonné avec un garçon qui le rackettait depuis huit mois. Parfois, c'est à l'occasion d'un débordement de l'ado qu'on apprend des choses qu'il cachait parce qu'il avait honte ou qu'il était trop mal pour en parler. Cela n'excuse pas le passage à l'acte. L'ado reste coupable, certes. Mais pas exactement comme on le pensait...

La réaction parentale tiendra aussi compte du caractère récidiviste (ou non) de l'ado. Si c'est la première fois qu'il dérape et, qu'au fond, il n'y a pas de quoi fouetter un chat, ce n'est pas la peine de porter plainte au commissariat contre son collégien qui « a pété les plombs », comme il l'avoue. Si, en revanche, l'ado prend l'habitude de régler ses conflits à coups de poing, il faut réagir et voir ce que dissimule ce comportement violent.

⇾ Appliquer la loi de la famille

Mais quand il y a dérapage, il faut rappeler les règles. Chaque famille a les siennes, qui marchent dans cette famille-là et pas dans une autre.
Comment fabrique-t-on la loi de sa famille ? Le principe de base, c'est qu'elle ne doit pas être en opposition avec ce que la loi (avec un grand L) réprouve. Ensuite, on la complète comme on veut. Puis elle est diffusée aux enfants, et le barème des sanctions est affiché. Par exemple, un ado qui roule en scooter sans casque, c'est un avertissement. Et un seul. Ensuite, on retire le scooter. C'est rigide ? C'est comme ça. Il ne pourra pas dire : « Tu ne me l'avais jamais dit ! », si vous avez pris soin d'établir cette règle dès l'achat de l'engin. Et vous n'attendrez pas qu'il ait un traumatisme crânien pour lui dire : « Tu vois bien que le casque est utile ! » On peut décliner ce principe sur chaque détail du quotidien, et prévoir pour chacun la sanction et/ou la réparation qui correspond. Par exemple, il a séché plus de dix cours ce trimestre ? Il devra dire adieu au stage de surf de cet été.
Enfin, on ne transgresse pas soi-même ce qu'on demande à l'ado : on ne tape pas ; on ne hurle pas ; on essaie de ne pas déborder, si on veut que son ado reste maître de lui. Et même très en colère, on ne met

pas son enfant à la porte : c'est à ce moment-là qu'il court des risques...

⇒ La punition idéale

Il faut trouver le bon dosage. Un an d'argent de poche supprimé pour un cours de philo séché, c'est excessif. En revanche, répondre à un jeune qui rentre à la maison avec un écran plat, «tombé du camion», sous le bras : «Puisque c'est comme ça, tu mettras le couvert ce soir ET demain!», c'est un peu léger. Il est probable que vous vous situerez quelque part entre ces deux échelles. N'approchez pas des bords, c'est toujours un peu risqué.

⇒ Punir ou réparer?

S'il existe un choix possible entre sanctionner l'ado ou lui demander de réparer, optez pour la réparation. C'est ce qui marche le mieux, et c'est ce qui sera le moins vécu comme une injustice. Vous lui laissez l'appartement ce soir pour une fête, et, quand vous revenez, la maison est sens dessus dessous et votre cave est vide? Il nettoie la maison et cassera sa tire-lire pour reconstituer les stocks liquides. Il le fera une fois. Rarement deux.

Quand l'ado dérape complètement...

Il deale, elle vole dans les magasins, il est devenu violent, elle sèche tous les cours depuis deux mois. Ce coup-ci, vous ne pouvez plus passer l'éponge. Que fait-on, quand l'ado franchit allégrement les limites de l'interdit ?

⇨ Avec un ado mineur

• **Qui est responsable ?** Il a 13 ans et vient de casser une voiture ? Puisqu'il est mineur, ce sont les parents qui trinquent et règlent la note. Ensuite, la justice n'a pas forcément besoin de s'en mêler : les parents font l'addition et décident de quelle manière leur enfant rembourse, ou répare... ou les deux à la fois ! Payer la réparation sur son argent de poche, ou grâce à un boulot d'été, nettoyer, effectuer des travaux d'intérêt général : les solutions ne manquent pas. Chaque famille trouvera celle qui sera la plus juste.

• **Un coup de pouce extérieur.** Par moments, les parents ont le sentiment de ne plus pouvoir exercer leur mission d'éducation et de protection. Quand ils se sentent débordés par les assauts de délinquance de leur rejeton(ne) et qu'ils disent : «On ne sait plus quoi faire, on a tout essayé», alors il est l'heure de passer le relais à un tiers. Non pas parce qu'ils s'en lavent les mains, ou qu'ils

laissent le chantier à d'autres, mais parce qu'ils ont besoin d'un coup de main. Juge des enfants, travailleur social ou psychologue seront bien utiles pour soutenir les parents et accompagner l'ado. Ces intervenants ne sont pas des concurrents déloyaux des parents. Et leur présence ne signifie pas que les parents sont nuls. Ils sont là pour faire évoluer la situation. Et ils montrent que lorsque l'ado dépasse les bornes, quelqu'un d'extérieur, institué par la loi, est présent. Cette justice pour mineurs a toujours deux rôles, indissociables : le volet répressif, pour sanctionner ce qui doit l'être. Et le volet éducatif, pour assister le parent qui en a besoin et pour accompagner l'ado. L'actualité rappelle chaque jour combien le rôle rééducatif de la justice pour mineurs est essentiel.
• **Réagir, avant sa majorité.** Certains parents prennent le taureau par les cornes quelques semaines ou quelques mois avant les 18 ans de leur ado, en contactant le juge pour enfants. Son nom l'indique, il ne peut être saisi que pour des mineurs. Dans trois mois, il sera trop tard pour bénéficier de son soutien ! Tant que la justice a un mineur en face d'elle, l'idée qui prévaut est de remettre en ordre ce qui doit l'être, de rééduquer l'ado, avant de sanctionner (même s'il faut punir, parfois). L'idéal serait de ne pas attendre avant d'agir · plus l'ado est pris en main tôt par les professionnels, plus il sera facile de l'aider.

⇨ Avec un ado majeur

• **L'aide des proches.** Les transgressions commises par votre grand ado ne l'entraîneront pas forcément derrière les barreaux, heureusement. Mais quand il se rebelle de plus en plus, qu'il multiplie les transgressions et les provocations verbales ou comportementales, téléphonez à un oncle ou à votre meilleur ami avant de composer le numéro de la police. Un proche de la famille peut suffire à détendre la situation et faire passer le message.

• **Le cran du dessus : le professionnel de l'aide.** Mais tout ne se règle pas toujours entre intimes. Quelquefois, il faudra quand même faire appel à un professionnel pour aider cet ado qui part en vrille. Les mesures de soins (psychologiques, par exemple) ou de réparation sont posées par rapport à l'acte commis par l'ado, et non par rapport à la personne. C'est évidemment plus simple à faire par quelqu'un d'extérieur, comme l'éducateur ou le psychologue. Ils ne sont pas pris dans les enjeux affectifs de la relation. Mais, pour cela, les parents devront accepter de lâcher leur rôle de protecteurs exclusifs de l'ado pour laisser faire ce qui est nécessaire.

• **Le «seuil du tolérable».** Un ado majeur peut aussi refuser de rencontrer ces professionnels : «Je suis majeur, je fais ce que je veux!» Pourtant, il faut bien fixer une limite à ses débordements. Quand se décide-t-on à laisser faire la justice ? C'est souvent LA question que se posent les parents. Les marges d'appréciation pour fixer le « seuil du tolérable » (de ce qui est devenu intolérable, en fait) sont variables. Dans certaines familles, on ferme les yeux le plus longtemps possible, et on fait le dos rond pour ne pas perdre le lien avec son enfant, quitte à accepter d'être maltraité par son propre ado. Et, tant que la police ne dit rien, on se tait. Ailleurs, on se met dans tous ses états pour des vétilles que la loi ne réprouve pas. Beaucoup de parents se situent entre ces deux extrêmes : ils voient bien les accrocs à la loi et le risque d'escalade. Mais ils préfèrent temporiser. Ou reporter la faute sur d'autres : « Je l'avais dit, sa bande de copains ne vaut rien ! » Chaque jour, ils repoussent au lendemain la prise de décision. Finalement, un matin, le lycée ou la police téléphone. Et on vit comme un scoop (« Votre fils deale ») ce qui couvait depuis des mois, et qu'on s'évertuait à ne pas voir. Reste le cas où les parents ne savent vraiment rien. Ils apprennent le délit par la police : « Votre fille vient de passer sa première nuit au poste : elle dealait » ; « Votre fils a participé à un viol en réunion » ou « Votre enfant a volé pour 4500 euros dans un magasin de hi-fi ». D'autres parents, enfin, n'ont d'autre solution que l'explosion : d'un coup, ils fichent l'ado semi-délinquant dehors. C'est là où l'ado se met encore plus en danger…

• **Le dilemme parental.** Attendre ou ne pas attendre ? Repousser à demain la décision que l'on sent nécessaire ? C'est terriblement douloureux. Les parents se sentent coincés entre le marteau et l'enclume. Se taire, c'est ce qu'ils voudraient faire pour protéger leur enfant ; mais c'est être complices de ses transgressions. Parler, c'est laisser agir la justice ; mais c'est aussi abandonner son enfant, pensent-ils. Le devoir de protection des parents ne doit pas entraver la justice. Sinon, symboliquement, cela signifierait que l'ado est sans limite, à la maison comme à l'extérieur. Et alors, on fait tout (trop) pour le protéger : on envoie son meilleur avocat défendre son chauffard de fils, en prison pour avoir roulé trop vite et ivre…

Quelle attitude les parents adopteront-ils ? « Nous sommes tes parents et on le restera quoi qu'il se passe. Mais là, **c'est toi** qui dois répondre de tes actes », pourront-ils dire à leur ado. Il faudrait arriver à scinder la responsabilité de l'ado et la force du lien qui l'unit à ses parents. L'ado est puni, mais il reste malgré tout l'enfant de ses parents. Laisser son grand ado se colleter avec la réalité, c'est peut-être ce qu'on a de mieux à faire, même si cela bouleverse le cœur d'un parent plein de bonnes intentions... Mieux vaut un coup d'arrêt que la complicité inconsciente des parents.

Un parent malmené, en droit de se protéger

Que l'ado ait 15 ou 19 ans, quand il dépasse les frontières de l'acceptable, les parents sortent en miettes de cette période. C'est douloureux pour au moins quatre raisons : cela met à mal tous les projets initiaux qu'on avait bâtis autour de cet ado ; il faut reconnaître qu'on a du mal avec lui ; qu'on ne règle pas tout seul les problèmes qui surgissent ; et qu'on a besoin d'un tiers pour y voir clair.

⇾ L'aide d'un tiers

Ce genre de déclaration est souvent prise pour un aveu de faiblesse. En réalité, c'est plutôt l'inverse : c'est dans l'intérêt de son enfant, et par souci éducatif que les parents décident que l'ado (et eux-mêmes) devra se faire aider par d'autres adultes. Pour introduire ce tiers qui va accompagner le jeune et ses parents, on peut demander l'avis de son médecin de famille, d'une assistante sociale ou d'un organisme comme Inter Service Parents (*voir* Contacts utiles).

➾ Le dernier recours…

Mais il arrive que le jeune reste complètement sourd à tout ce qu'on lui dit. Face à un ado qui transgresse en permanence et franchit sans sourciller (et de plus en plus gravement) les limites du supportable, il ne faudrait pas hésiter à se protéger… pour protéger l'ado des dangers futurs auxquels il s'expose. Par exemple, depuis des mois, l'ado vole des espèces à ses parents, leur subtilise des chèques, etc. Ou il lève sa main sur sa mère ; ou il rentre, ivre, au volant de sa voiture une nuit sur deux. Les parents l'ont déjà pris sur le fait, ont puni, prévenu… mais il recommence. Le seuil du tolérable se rapproche dangereusement. Les adultes pourraient déclarer : «La prochaine fois, voilà ce que je ferai : par respect pour toi et pour moi, je porterai plainte au commissariat si tu lèves la main sur moi… si tu voles de nouveau dans mon portefeuille.»
Puisque ce n'est pas sur un coup de tête qu'on parle ainsi à son propre enfant, il faudra faire ce qu'on a annoncé. Alors, on passe voir les gendarmes ou la police ; ou bien on fait constater par un certificat médical des traces de coups sur son corps. Cette fois, ça y est : une instance extérieure est au courant des dérapages. Certains se sentent détruits d'en être arrivés là. Évidemment, c'est triste. Mais c'est frapper un coup fort au lieu de plusieurs coups dans l'eau. Et le message

parental est clair : « Je ne te laisserai pas faire n'importe quoi ; je ne supporte pas que tu me traites, et que tu te traites, comme ça. » Quoi qu'on en pense, c'est un message d'amour.

La tentation du zéro de conduite dès la maternelle

Frapper tôt plutôt que fort, c'est ce que certains aimeraient faire... Ces temps-ci, le débat a fait rage. Pour dépister le plus tôt possible les (futurs) délinquants, certains ministres proposent d'établir un « cahier de comportement » qui permettrait de dépister les troubles du comportement chez les enfants dès la maternelle. L'idée de départ n'est pas mauvaise : on devrait se préoccuper tôt des enfants qui vont mal. Là où ça coince, c'est au niveau du discours sous-jacent, qui annonce : « Nous détectons les futurs délinquants. » Enfants à problèmes = futurs délinquants : le raccourci est aussi rapide que dangereux. Si l'on peut affirmer sans trop se tromper que beaucoup de délinquants ont été des enfants malheureux, l'inverse est absolument faux. Eh non, tous les enfants qui ont des problèmes aujourd'hui ne finiront pas braqueurs de banque !

Et s'il était déjà trop tard?

Certains se désespèrent : que faire d'un ado rebelle qui est presque majeur? Il n'est jamais trop tard pour redresser la barre. Bien sûr, quand il a 5 ans, c'est plus facile de lui rappeler les règles que quand il a 18 ans. «Il a toujours été dur…», répondez-vous? Baisser les bras n'aidera pas à assainir la situation : là, c'est sûr, l'ado ira dans le mur. Il n'est pas trop tard car l'ado a encore beaucoup de ressources, dont certaines n'ont jamais été mobilisées. Cette réaction parentale entraînera peut-être un choc chez l'ado. Celui-ci se réveille soudain, comme s'il s'était assoupi pendant ces années de flirt avec la limite. Et d'un coup, il réalise qu'il est responsable de lui, et qu'il lui faudra assumer les conséquences de ses actes pendant toute sa vie. Peut-être devra-t-il accepter un travail peu valorisant parce qu'il aura arrêté ses études ou insulté les profs. Ou encore renoncer à une passion dont il espérait faire son métier (la cuisine, la photo, la plomberie) parce qu'il aura préféré traîner avec ses copains ou faire la grasse matinée. Cette prise de conscience angoissante lui sera peut-être nécessaire pour relever la tête… Non, décidément, il n'est jamais trop tard.

L'essentiel

- Une transgression, ça se paie, qu'on soit mineur ou majeur. Les parents devront trouver la sanction ou la réparation la plus significative pour l'ado.

- Quand l'ado dérape de plus en plus, il ne faut pas avoir peur de demander l'aide des professionnels. C'est le rôle du juge pour enfants : il est là pour rééduquer et si besoin pour sanctionner.

- Chaque famille devra fixer le «seuil du tolérable» que l'ado ne doit pas franchir.

- Pour se protéger et protéger son ado de ses dérapages futurs, le parent est parfois amené à laisser la justice s'appliquer. C'est un déchirement, mais c'est nécessaire.

- Tout n'est jamais joué d'avance : un jour, l'ado le plus rebelle peut décider d'arrêter ses bêtises. Et reprendre sa vie en main.

Conclusion

Ouf, tout ne se joue ni avant 6 ans, ni même avant 16 ! C'est peut-être la leçon la plus belle que nous apprennent les enfants et les ados... Ce jeune qui vous en fait baver depuis deux ans, faites-lui confiance. Et ne vous rangez pas dans le camp des « aquoibonistes », dépassés par leurs rebelles. Il n'est jamais trop tard pour reprendre la direction des opérations, voire changer de cap si l'on sent qu'on s'égare. Et ne faites pas confiance au temps pour tout apaiser : c'est ainsi que la réputation d'un ado, qui aurait pu n'être que transitoire, devient sa vraie identité. Et lui ferme quantité de portes. Affronter son ado, l'aimer malgré lui certains jours, distribuer des autorisations et des interdictions (les unes n'allant pas sans les autres), être convaincu qu'on a raison et, le lendemain, être sûr d'avoir tout faux : la période est tout sauf monotone, non ? Rappelez-vous votre propre adolescence – au siècle dernier, notera votre ado –, pas tout à fait aussi « rectiligne » que votre biographie officielle ne le raconte. Demandez à vos parents de vous rafraîchir la mémoire si la vôtre a tendance à être sélective. Vous non plus, nous n'étiez ni très tendre ni très reposant ! Dans un an, dans cinq ans, votre ado aura fini d'explorer les chemins de traverse. Et il sera devenu un adulte dont vous pourrez être fier. Vous l'aurez accompagné jusque-là, le « livrant » en bon état général au seuil de sa nouvelle vie. Et vous aurez effacé de votre disque dur ces mois à tâtonner et à tempêter. On s'y verrait presque...

Bibliographie

Pour les parents

HUERRE P. et GUILBERT D., (sous la direction de) *Questions d'autorité*, Érès, coll. « Enfance & psy », 2006.

JEAMMET P., *L'Adolescence*, Solar, coll. « Réponses à 100 questions sur », 2002.

MARCELLI D., *L'Enfant, chef de la famille*, Albin Michel, 2003.

Pour les ados

JEAMMET P. et AMBLARD O., *La Psycho 100 % ado*, Bayard Jeunesse, 2004.

THOMAZEAU A.-M. et AMBLARD O., *160 questions strictement réservées aux ados*, De La Martinière Jeunesse, coll. « Oxygène », 2004.

THOMAZEAU A.-M. et SIMON A., *Nous les 14-17 ans*, De La Martinière Jeunesse, coll. « Hydrogène », 2006.

Contacts utiles

Pour les parents

EPE (École des parents et des éducateurs) : 01 44 93 44 88. Les coordonnées des antennes régionales peuvent être obtenues à ce numéro ou sur www.ecoledesparents.org

Inter Service Parents : 01 44 93 44 93. Permanence téléphonique gérée par l'EPE.

Fil Paris Famille : 01 72 75 57 75.

Pour les ados

Fil Santé Jeunes : 0800 235 236. De huit heures à minuit, 7 jours sur 7. Appel anonyme et gratuit. Et aussi sur www.filsantejeunes.com

Jeunes Violence Écoute : 0800 20 22 23. Appel anonyme et gratuit.

Drogues Alcool Tabac Info Services : 113. Information et prévention, 7 jours sur 7, 24 heures sur 24.

www.droitsdesjeunes.org, pour trouver toutes les informations juridiques qui concernent les jeunes.

Planning familial : 01 48 07 29 10. Les coordonnées des antennes régionales peuvent être obtenues à ce numéro.

Table

Autres ouvrages des mêmes auteurs

Patrice Huerre

L'Absentéisme scolaire, du normal au pathologique,
Hachette Littérature, 2006

Faut-il plaindre les bons élèves ?
Le prix de l'excellence,
en collaboration avec Fabienne Azire,
Hachette Littérature, 2005

Cannabis et adolescence, des liaisons dangereuses,
Albin Michel, 2004

Arrête de me parler sur ce ton !
en collaboration avec Laurence Delpierre,
Albin Michel, 2004

Ni anges ni sauvages, Anne Carrière, 2002

Anne Lamy

Un seul parent à la maison,
en collaboration avec Jocelyne Dahan,
Albin Michel, 2005

Réussir la garde alternée,
en collaboration avec Gérard Poussin,
Albin Michel, 2004

Dans la même collection

Claude Allard et Cécile Dollé
Qu'est-ce qu'il y a à la télé ? – Aider nos enfants dans leur choix

Nadira Anacleto et Sylvie Baussier
On me dit de l'emmener chez l'orthophoniste – Est-ce vraiment nécessaire ?

Claudine Badey-Rodriguez et Rietje Vonk
Quand le caractère devient difficile avec l'âge – Aider nos parents sans se laisser dévorer

Dr Patrick Blachère et Sophie Rouchon
Petites infidélités dans le couple – Ça passe ou ça casse ?

Stéphane Bourcet et Isabelle Gravillon
Mon enfant a été agressé – Dans la rue, à l'école, à la maison…

Christine Brunet et Nadia Benlakhel
C'est pas bientôt fini, ce caprice ? – Les calmer sans s'énerver

Dr Dominique-Adèle Cassuto et Sophie Guillou
Ma fille se trouve trop ronde – Que dire, que faire ?

Gérard Chauveau et Carine Mayo
Il a du mal à apprendre à lire – Comment l'aider ?

DR STÉPHANE CLERGET ET PASCALE LEROY
Élever un garçon aujourd'hui – En faire un homme, pas un macho !

DR STÉPHANE CLERGET ET CARINE MAYO
Les pipis font de la résistance – Comment aider l'enfant à devenir propre ?

BÉATRICE COPPER-ROYER ET GUILLEMETTE DE LA BORIE
Non, tu n'es pas encore ado ! – Les 8-12 ans sont toujours des enfants

BÉATRICE COPPER-ROYER ET CATHERINE FIRMIN-DICOT
Lâche un peu ton ordinateur ! – Comment mettre des limites ?

JOCELYNE DAHAN ET ANNE LAMY
Un seul parent à la maison – Assurer au jour le jour

DR PATRICE HUERRE ET LAURENCE DELPIERRE
Arrête de me parler sur ce ton ! – Comment réagir ?

GINETTE LESPINE et SOPHIE GUILLOU
Surmonter le chômage en famille – Comment rebondir ?

PR DANIEL MARCELLI et CHRISTINE BAUDRY
Qu'est-ce que ça sent dans ta chambre ? – Votre ado fume-t-il du hasch ?

XAVIER POMMEREAU ET LAURENCE DELPIERRE
En ce moment, mon ado m'inquiète – À tort ou à raison ?

Gérard Poussin et Anne Lamy
Réussir la garde alternée – Profiter des atouts, éviter les pièges

Nicole Prieur et Isabelle Gravillon
Arrêtez de vous disputer ! – Faut-il se mêler des conflits des enfants ?

Emmanuelle Rigon et Marie Auffret-Pericone
Je rassure mon bébé – L'apaiser et l'encourager, de 0 à 2 ans

Myriam Szejer et Marie Auffret-Pericone
L'entrée à la maternelle – Une grande aventure pour l'enfant

Dr Marie-Claude Vallejo et Mireille Fronty
D'abord, t'es pas ma mère – Quelle place pour une belle-mère ?

Gilles-Marie Vallet et Anne Lanchon
Moi, j'aime pas trop l'école – Le comprendre, l'aider

Conception graphique et réalisation : Louise Daniel.
Impression : Bussière en septembre 2006.
Éditions Albin Michel , 22, rue Huyghens, 75014 Paris.
www.albin-michel.fr
ISBN : 2-226-16927-X
N° d'édition : 24581. – N° d'impression : 062723/1.
Dépôt légal : octobre 2006.
Imprimé en France.